Arnold Lazarus
Fallstricke der Liebe

Vierundzwanzig Irrtümer über das Leben zu zweit

Aus dem Amerikanischen
übersetzt von Sabine Behrens

Klett-Cotta

Greif-Buch 1995^{2}
nach der Ausgabe 1994^{7}
Klett-Cotta
Die Originalausgabe erschien unter dem Titel
»Marital myths: Two dozen mistaken beliefs that can ruin
a marriage (or make a bad one worse)«
im Verlag Impact Publishers, Inc., San Luis Obispo

Printed in Germany
Umschlag: Klett-Cotta-Design
Gesetzt in der Baskerville 10 Punkt
Auf säurefreiem und holzfreiem
Werkdruckpapier gedruckt und gebunden
von Ludwig Auer GmbH, Donauwörth
Zweite Auflage, 1995

Die Deutsche Bibliothek – CIP-Einheitsaufnahme
Lazarus, Arnold:
Fallstricke der Liebe : vierundzwanzig Irrtümer über das Leben
zu zweit / Arnold Lazarus. Aus dem Amerikan. übers. von
Sabine Behrens. – 2. Aufl. – Stuttgart : Klett-Cotta, 1995
(Greif-Bücher)
Einheitssacht.: Marital myths ⟨dt.⟩
ISBN 3-608-91701-2

Inhalt

Einführung

Die Heiratsurkunde bekommt man – im Unterschied zu anderen Urkunden – nicht, weil man ein bestimmtes Können bewiesen hat. Die ärztliche Approbation bescheinigt dem Besitzer, daß er über Krankheiten und Heilmethoden Bescheid weiß; ein Führerschein besagt, daß der Besitzer zumindest ein Minimum an Verkehrstüchtigkeit bewiesen hat. Und eine Heiratsurkunde?

So manche Ehe und Partnerschaft könnte harmonischer, liebevoller und vernünftiger gelebt werden, wenn es bei uns tatsächlich genauso selbstverständlich, wie es Fahrschulen gibt, auch »Eheschulen« gäbe. Die Frage ist nur: Wer ist eigentlich qualifiziert, solche Kurse zu leiten? Zahlreiche Berater, Psychologen, Psychiater und sonstige Helfer haben genauso falsche Konzepte im Kopf wie ihre Klienten. Fazit: Kaum jemand weiß wirklich, wie man harmonisch zusammenlebt!

Die meisten Paare gehen mit Wunschträumen und unrealistischen Erwartungen in die Ehe. Was immer man unter Ehe und Zusammenleben versteht, grundsätzlich handelt es sich erst einmal um eine *Partnerschaft* und ein Sich-aufeinander-Einlassen; manche sehen in ihr überhaupt den Sinn des Lebens.

Jeder Heiratswillige sollte eigentlich eine Art Stellenangebot formulieren und genau aufzählen, was er als Ehepartner geben kann und was er vom anderen erwartet. Dann könnte ein in Frage kommender Partner – *bevor* man sich gegenseitig bindet! – die Vorstellungen des anderen genau studieren und sich unter Umständen viel Kummer und Enttäuschung ersparen.

Stellen wir uns nur folgende Situation vor: John und Mary, beide Anfang zwanzig, sind seit zwei Jahren zusammen und wollen nun heiraten. Johns Stellenangebot lautet:

Ich erwarte von meiner Frau, daß sie immer zu mir steht und mich hingebungsvoll liebt. Ich wünsche mir jemanden, der meine Bedürfnisse genau kennt und sie auch erfüllt. Für die

> Frau muß der Ehemann der Mittelpunkt ihres Lebens sein. Nichts und niemand soll ihr wichtiger sein als ihr Mann. Ich will hauptsächlich auch deswegen heiraten, weil jemand dasein soll, der für mein tägliches Wohlergehen sorgt: mit Dingen wie Kochen, Putzen, Einkaufen und ähnlichem will ich nichts zu tun haben. Ich erwarte von einer Frau, daß sie darauf achtet, sexuell attraktiv und begehrenswert zu bleiben. Sex brauche ich mindestens einmal pro Nacht. Meine zukünftige Frau soll meine Eltern und meine Schwester genauso lieben und respektieren wie ich dies tue. Ich betrachte es als ihre Pflicht, das Selbstbewußtsein ihres Mannes aufzubauen und zu stärken. Außerdem meine ich, der Mann sollte das Kommando haben; er ist der Boß, und ohne ihn darf die Frau keine wichtige Entscheidung treffen.

Unabhängig davon formuliert Mary ihr Stellenangebot so:

> Die Ehe ist für mich Teamwork, wir sind gleichberechtigte Partner und arbeiten auf gemeinsame Ziele hin. Das »Wir« sollte ganz oben stehen. Ehepartner sollten eigenverantwortlich und erwachsen miteinander umgehen und sich gegenseitig möglichst wenig »bemuttern« oder »bevatern«. Sie sollten so schnell wie möglich ihren eigenen Haushalt haben und von Eltern und Geschwistern unabhängig werden, sich auch emotional von ihnen lösen. Ich möchte sicher sein, daß ich bei meinem Mann an erster Stelle stehe. Ich erwarte, daß er mir im Haushalt hilft, daß wir gemeinsam saubermachen, einkaufen und überhaupt wie ein Team zusammenarbeiten.

Selbst anhand dieser sehr kurzen und allgemeinen »Stellenangebote« wird deutlich, daß John und Mary, falls sie heiraten, bald in Schwierigkeiten geraten werden. Man fragt sich, wie die beiden auch nur zwei Jahre lang zusammenleben konnten, ohne daß krassen Unterschiede in Lebensstil und Werthaltungen zu Tage treten. Tatsächlich habe ich Hunderte von Paaren behandelt, die erst während des alltäglichen Zusammenlebens feststellten, daß ihre Erwartungen sehr weit auseinanderlagen und miteinander unvereinbar waren, in einigen Fällen trotz langjähriger Verlobungszeit. Heutzutage leben die meisten Leute schon vor der Hochzeit zusammen, und manchmal werden auftauchende Klippen noch rechtzeitig erkannt, so daß Schlimmeres vermieden werden kann.

Aber selbst das ist keine Garantie. Ich habe auch schon Paare behandelt, die nach längerem Zusammenleben heirateten und erst danach auf unüberwindliche Differenzen stießen, die vorher nie aufgetreten waren.

Wenn ich Paare berate, die heiraten wollen, arbeite ich mit solchen »Stellenangeboten«. Dabei fällt es manchen Klienten schwer, die eigenen Erwartungen deutlich zu machen; sie können nicht genau in Worte fassen, was sie in einer Ehe selbst geben können und was sie vom anderen erwarten. Dann muß der Therapeut ihnen helfen, den eigenen Wünschen und Hoffnungen nachzuspüren und sie aussprechen zu können. Das Stellenangebot für Ehepartner hat sich als Hilfsmittel durchaus bewährt und leistet letztlich genau dasselbe wie eine normale Stellenanzeige: »Für diese Stelle«, sagt der Personalchef, »suchen wir jemanden, der die Anforderungen, A, B und C erfüllt.« Der Arbeitssuchende kann dann abwägen, ob ihm diese Arbeit liegt, ob das Gehalt seinen Vorstellungen entspricht und ob er dafür hinreichend qualifiziert ist. Wenn die Heiratskandidaten ihre A, B und Cs, ihre Wünsche und Erwartungen darlegen, können sie genauso abwägen: Wäre diese Ehe wirklich eine Bereicherung für mich? Verspricht sie genügend Lustgewinn und gibt es genügend Gemeinsamkeiten? Können beide den notwendigen emotionalen Rückhalt darin finden und genügend Gefühle investieren, um die Beziehung lebendig zu gestalten und ihr Beständigkeit zu geben?

Seit mehr als fünfundzwanzig Jahren bin ich psychotherapeutisch in der Einzel-, Paar- und Sexualtherapie tätig. Ich konnte während dieser Zeit auch regelmäßig beobachten, wie Kollegen mit ihren Klienten arbeiten. Viele von ihnen erlaubten mir freundlicherweise dabeizusein, wenn sie mit Klienten sprachen. (Als ich dann selbst mehr Erfahrung besaß, ließ auch ich mich von Studenten und Kollegen bei der Arbeit beobachten.) Wahrscheinlich läßt sich so am besten lernen, was man tun und was man besser lassen sollte. Wenn ich daran zurückdenke, wie ich als Anfänger mit einigen Paaren umgegangen bin, bekomme ich noch heute eine leichte Gänsehaut... Übung und Erfahrung haben mich zwar nicht perfekt gemacht, aber man lernt doch mit der Zeit, den einen oder anderen Fehler wieder auszubügeln.

Die Idee zu diesem Buch kam mir, weil die Zuhörer bei meinen Vorträgen zum Thema »eheliche Beziehungen« stets auf die gleiche Art reagierten. Bei meinen anderen Vorlesungen über Behandlungstechniken oder Forschungsmethoden und -ergebnissen variierte das Echo von Langeweile bis Begeisterung; aber wenn ich das Thema »Fallstricke der Liebe« ankündigte, herrschte bei allen jedesmal äußerst gespannte Aufmerksamkeit. Jeder hält sich auf diesem Gebiet für einen Experten, und bei der Diskussion prallen die festgefaßten Meinungen dann hart aufeinander. Bei jedem einzelnen der hier beschriebenen Irrtümer sind die Leute ganz erpicht darauf, Partei zu ergreifen – die eine Fraktion pflichtet mir bei, während die andere heftig widerspricht –, und schon fliegen die Fetzen!

Wenn Sie also einmal eine langweilige Party oder die schleppende Diskussion beim Leseabend des Buchklubs in Schwung bringen wollen (das gilt auch für beliebige andere Zusammenkünfte), dann versuchen Sie einfach, das Gespräch auf das Thema dieses Buches zu bringen!

In meiner Praxis fordere ich die Paare meistens auf, sich über bestimmte Mythen klarzuwerden, von denen sie sich in der Partnerschaft leiten lassen, und oft stelle ich mit ihnen eine kurze Liste von Ge- und Verboten zusammen, mit der sie zwischen den Sitzungen arbeiten können. Die Ergebnisse sind ausnahmslos positiv und oft emotional sehr wichtig für beide.

Die hier von mir getroffenen Feststellungen beziehen sich auf die westliche Kultur. In anderen Gegenden dieser Welt gelten für das Spiel »Beziehung« gänzlich andere Regeln, und was in Seattle hilft, führt in Singapore unter Umständen zu einer Katastrophe. Man kann dieses Buch also nicht einfach in beliebig viele Sprachen übersetzen und in der ganzen Welt verkaufen.

Die hier ausgewählten zwei Dutzend Irrtümer über die »gute Ehe« habe ich aus meinem eigenen Material zusammengestellt, ich habe dafür meine Notizen aus Therapiestunden durchgesehen und Kassetten von paartherapeutischen Sitzungen abgehört. Nach meinen praktischen Erfahrungen sind diese vierundzwanzig Mythen, die ich so herausgearbeitet habe, tatsächlich die häufigsten (sie sind hier jedoch nicht nach Wichtigkeit geordnet). Es gibt noch eine ganze Reihe anderer (auf manche wird im Buch auch hingewiesen), aber ich glaube, diese Sammlung repräsentiert die schlimmsten und weitverbreiteten irrtümlichen Annahmen, die Konflikte heraufbeschwören.

1. Irrtum

Mein Partner soll auch mein bester Freund sein

Viele meinen, das Prinzip Freundschaft fände in der Ehe durch die maximale Nähe und Intimität seine höchste Vollendung. Und ich meine, sie liegen falsch.

Ehe und Freundschaft haben sicher viel gemeinsam, sind aber keineswegs ein und dasselbe. Während man in der ständigen Zweisamkeit als Paar alles miteinander teilt, ist man mit dem besten Freund nur gelegentlich zusammen, um ihm dann alle Sorgen und Gedanken offen mitzuteilen. Mit dem besten Freund wohnt man normalerweise nicht jahraus, jahrein unter einem Dach; das Zusammensein mit einem Freund ist also eher intensiv als extensiv. Eheleute jedoch erleben den ganzen Alltag miteinander, und alle Stimmungen und Launen des einen wirken sich direkt auf den anderen aus; das System Ehe läuft also ständig Gefahr, überlastet zu werden. Außerdem stehen in einer Freundschaft die Wünsche und Bedürfnisse zweier unabhängiger Individuen im Vordergrund, während das Ziel einer Ehe meistens die Gründung einer Familie ist.

Das Wort vom »besten Freund« ist vielschichtig. Kinder und Jugendliche suchen sich oft einen Menschen, den sie dann ihren »besten Freund« nennen, während so mancher Erwachsene diese Vorstellung als pubertär belächelt. Solche reifen und »vernünftigen« Leute, die sich über den Wunsch nach einem besten Freund lustig machen, haben meistens viele »gute Bekannte« – die bei genauerem Hinsehen nur Jasager oder Arbeitskollegen, vielleicht sogar Konkurrenten und Gegenspieler sind. In Wirklichkeit fehlt den meisten Leuten die Fähigkeit, die Beziehung zu einem anderen Menschen so weit zu entwickeln, daß sie füreinander »beste Freunde« werden.

In einer echten Freundschaft kann man alle Stimmungen und Gefühle frank und frei äußern. Alles, was wichtig ist, wird ohne Zensur mitgeteilt. Man weiß auf Anhieb, was der Freund (die Freundin) wirklich denkt und empfindet – über sich selbst und über den anderen –, weil es unter Freunden keine Geheimnisse gibt; man erwartet voneinander, daß alle Gedanken und Gefühle ehrlich geäußert werden. Seinem besten Freund macht man nichts vor; man täuscht keine Gefühle vor und handelt nicht anders, als man denkt. Auch Ärger wird nicht hinuntergeschluckt, anderweitig abreagiert oder geleugnet, sondern spontan und konstruktiv geäußert. Echte Freundschaft beruht auf dem gegenseitigen Wunsch nach gemeinsamem Handeln ohne Konkurrenzgefühle. »Geteilte Freude« ist ein wichtiger Aspekt von Freundschaft – man freut sich mit dem anderen, wenn ihm Gutes widerfährt.

Zyniker werden dagegenhalten, daß es in der Realität solche Beziehungen gar nicht gibt. In der Tat sind echte Freundschaften außerordentlich selten. Und doch ist jemand, der solche Möglichkeiten des Zusammenseins nicht hat, emotional verarmt und psychisch benachteiligt. Reichtum, Ansehen, Macht, Prestige, Ruhm oder Erfolg können eine echte Freundschaft nicht ersetzen.

Aber haben wir mit diesen Feststellungen nicht auch die »ideale Ehe« beschrieben, die doch »Freundschaft und vieles mehr« ist? Bis hierher gilt alles, was ich über die Freundschaft gesagt habe, auch für eine liebevolle Ehe. Aber es kommt noch einiges hinzu.

Der beste Freund ist per definitionem der engste Vertraute. Die freundschaftliche Beziehung schließt ein Höchstmaß an Offenheit und Mitteilungsbereitschaft ein. Es gibt keine unsichtbaren Verbotstafeln, keine emotionalen Tabus und nichts, worüber man nicht sprechen darf. In der Ehe jedoch ist es wegen der ständigen physischen Nähe und all der gemeinsamen Belastungen und Verantwortungen notwendig, daß ein gewisses Maß an emotionaler Zurückhaltung geübt wird. Wenn die ideale Freundschaft sozusagen von A–Z reicht, sollte die Offenheit in der Ehe eben nur von A–W gehen. Wenn nicht beide Partner ihre persönlichen Eigenarten behaupten, von sich aus eine gewisse Zurückhaltung üben und einen Teil ihrer Gefühle für sich behalten, werden höchstwahrscheinlich destruktive Entwicklungen einsetzen.

Ich habe die eben skizzierten Gedanken einmal mit einem Freund durchdiskutiert. Er widersprach meinen Ansichten und bestand darauf, daß seine Frau sein »bester Freund« sei. Im übrigen vertraue er ihr grenzenlos. »Ich erzähle ihr alles, was mich bedrückt. Sie weiß alles von mir – alles Positive, alles Negative und alles Belanglose. Sie kennt meine schlimmsten Zweifel, Ängste und Schliche und alle meine kleinen und großen Schwächen.« Ich warnte ihn und sagte, er mache einen großen Fehler. Ich dachte an seine mir wohlbekannten Tendenzen zur Selbsterniedrigung, ich wußte um seine gelegentlichen depressiven Phasen und einige seiner innersten Zweifel, und ich wußte auch sonst einige Dinge von ihm, die in den X-, Y- oder Z-Bereich gehörten. (Ich wußte zum Beispiel von sexuellen Phantasien bezüglich der älteren Schwester seiner Frau).

Da wir Freunde waren, hatten diese Dinge auf unsere Beziehung keinen Einfluß, aber ich riet ihm dringend davon ab, seiner Frau allzu viele anstößige Details mitzuteilen. Er bestand jedoch darauf, daß ja gerade dies das Wunderbare an seiner Ehe sei, daß es zwischen ihnen »keine Geheimnisse« gebe. Knapp drei Jahre danach wurde die Ehe geschieden. Ich erinnere mich noch lebhaft an den Schmerz und die Erschütterung in seinem Gesicht, als er mir anvertraute, daß seine Frau schließlich zu ihm gesagt hatte: »Ich empfinde nichts als Verachtung für Dich.« Vielleicht hätte auch ich, wenn ich tagaus, tagein seine Selbsterniedrigung hätte miterleben müssen, nur noch Geringschätzung für diesen Mann übriggehabt. In unserer Freundschaft jedoch waren der vertraute Umgang miteinander und unsere Begegnungen immer mit soviel Lachen und unbeschwerten Augenblicken durchsetzt, daß es dazu nie kam.

Ich möchte noch zwei andere Gesichtspunkte zum Unterschied zwischen Ehe und Freundschaft anführen:

1. Wenn man sich mit Grübeleien, psychischen Problemen und unbegründeten Ängsten plagt, sollte man sich, anstatt den Partner damit zu belasten, an den besten Freund wenden können. Die Nähe eines Vertrauten, dem man seine Sorgen und Nöte mitteilen kann, hält unnötigen Druck von der Ehe weitgehend fern – und dafür sind Freunde schließlich da.

Ein Beispiel: Bill fürchtete, daß ihn seine Firma bald entlassen würde. Da er und seine Frau Pam bereits verschuldet waren, schien es nicht besonders sinnvoll, seine Befürchtungen mit ihr zu besprechen – das hätte ihre Unsicherheit nur verstärkt und die Ehe über Gebühr belastet. Glücklicherweise konnte Fred, sein bester Freund, gut zuhören und ihm wieder Mut machen. Zwei Monate später, als Bill befördert statt entlassen wurde, haben die beiden Freunde herzlich über Bills pessimistische Vorahnungen gelacht, und dann konnte Bill auch seiner Frau erzählen, wie sehr er sich um den möglichen Verlust des Arbeitsplatzes gesorgt hatte.

2. Alle, die einen gleichgeschlechtlichen »besten Freund« haben, können bestätigen, daß die Beziehung zwischen zwei Männern oder zwischen zwei Frauen etwas Besonderes ist, das in einer gegengeschlechtlichen Beziehung so nicht möglich ist. Allzuoft verlieren die Partner nach der Heirat den Kontakt zu ihren alten Freunden. Sie finden vielleicht neue Bekannte – meistens ebenfalls Ehepaare –, aber diese können niemals ein befriedigender Ersatz für eine vertrauliche Zweierbeziehung zum besten Freund oder zur besten Freundin sein.

Kann man einen »besten Freund« des anderen Geschlechts haben – ohne mit ihm verheiratet zu sein? Es ist möglich, aber ausgesprochen unwahrscheinlich. Die zahlreichen psychologischen Unterschiede zwischen Mann und Frau lassen mich folgendes glauben: Mann und Frau können gute Freunde sein, gute Ehepartner, gute Kollegen und gute Teammitglieder; wenn es um den »besten Freund« geht, bin ich jedoch sehr skeptisch.

2. Irrtum

Je leidenschaftlicher die Liebe, desto glücklicher die Ehe

Langsam gehen die Lichter aus, der Vorhang hebt sich, ein unsichtbares Orchester spielt eine schwülstige Liebesmelodie – ein Mann und eine Frau stehen engumschlungen da. Beide schauen in die langsam untergehende Sonne, die in einem unwirklich schimmernden Meer versinkt. Sie geloben sich leidenschaftliche und ewige Liebe. Ihre gegenseitige Hingabe ist grenzenlos. Ihre Liebe wird so prosaische Hindernisse wie kulturelle und soziale Unterschiede, Einwände der Eltern und finanzielle Probleme ohne weiteres überwinden. Das schönste Geschenk, welches das Leben uns machen kann, gehört ihnen: Liebe und Romantik. Bald werden sie vereint sein, und ihre Liebe wird im Lauf der Jahre nur noch tiefer werden. Vielleicht werden sie eines Tages, beide mit silbrigem Haar, zusammen sterben, einander nicht weniger tief verbunden als am Tage ihrer Hochzeit.

Diese Idylle haben in unserer Gesellschaft viele Menschen, junge und alte, im Kopf. Die Suche nach der romantischen Ehe endet oft mit einer – eher weniger romantischen – Scheidung. Männer und Frauen, die erwarten, daß die Ehe nur die Fortsetzung jener rauschhaften Tage der ersten Verliebtheit sei, müssen mit einer bitteren Enttäuschung rechnen. Die romantische Liebe rankt sich an Hindernissen, Enttäuschungen, Trennungen und unerfüllten Sehnsüchten empor. Fallen diese Hemmnisse im ehelichen Alltag durch das ständige Zusammensein fort, so schwindet das leidenschaftliche Hingerissensein bald. Der Reiz des Verbotenen fehlt, die wonnevollen Schauer der romantischen Liebe verebben, wenn der Alltag regiert, und oft fühlen sich die Paare, wenn die Romantik dahin ist, um etwas Wesentliches betrogen. Der Lack ist ab. Dann neigen solche unglücklichen Ex-Liebenden dazu, die

Ehe für bankrott zu erklären. Hinter der nächsten Ecke wartet der Scheidungsrichter.

Die Ehe ist kein romantisches Intermezzo; sie ist eine sehr ernsthafte und zweckmäßige Beziehung. Ein Mensch, der von der Ehe ununterbrochene Verliebtheit erwartet, wird bitter enttäuscht sein, wenn sich diese Vorstellungen nicht erfüllen. Romantische Liebe zieht die Tugenden der monogamen Ehe nicht in Zweifel. Worauf es bei letzterer ankommt, das ist der *richtige* Partner. Hat sich erst einmal jene auf mysteriöse Weise vorbestimmte gegenseitige Verliebtheit eingestellt und wurden dann auch noch ein paar magische Rituale beim Priester, Rabbi oder Standesbeamten vollzogen, wird dem Paar lebenslange Glückseligkeit beschert sein... Papperlapapp! Es stimmt einfach nicht, daß es für jeden Menschen nur *die* oder *den* Richtige(n) gibt. Es gibt buchstäblich Hunderte, wenn nicht Tausende von Partnern, die in Frage kämen und mit denen man eine sinnerfüllte, glückliche Ehe eingehen könnte. Aber warum haben wir dann diese hohen Scheidungsraten? Und warum haben so viele Leute eine geradezu ungesunde Abneigung gegen die Ehe entwickelt? Die Hauptursache ist, so meine ich, daß in unserer Gesellschaft so viele Menschen auf all die falschen Vorstellungen bauen, die in diesem Buch dargestellt werden.

Man muß den Leuten beibringen, wie man sich richtig verliebt; so was klappt nicht instinktiv und automatisch. Die romantischen Illusionen unserer Zeit stammen aus den verschiedensten Quellen: Eltern, Freunde, Bücher, Zeitschriften, Filme, Fernsehen, Schlager. Die Medien machen uns weis, heftige Verliebtheit sei die Garantie für eine glückliche Ehe. Die liebevolle, innige Verbundenheit wird idealisiert und die zukünftigen Partner »vergöttern« einander.

Dieser traditionelle Mythos von der romantischen Liebe hat viele Seitentriebe entwickelt, »Liebe auf den ersten Blick« ist etwa eines der beliebtesten romantischen Motive. Jeder, der begriffen hat, was Liebe bedeutet, weiß, daß ein so komplexes Gefühl Zeit braucht, um zu wachsen. Sicher kann man einmal auf den ersten Blick einfach hingerissen sein oder sich von einem anderen körperlich stark angezogen fühlen. Aber Liebe entsteht daraus, daß man am anderen liebens-werte Eigenschaften entdeckt – und sie entsteht aus einem Zusammengehörigkeitsgefühl heraus, das beide erfüllt und bereichert. Auch »vor Liebe blind sein« ist eine solche hohle Phrase, die nur allzuoft gedroschen wird.

Schlager, Zeitschriften mit sogenannten »wahren Geschichten« und viele Filme unterstützen und verbreiten den Irrglauben, daß die wahre romantische Liebe möglich und konservierbar sei. Doch ein Problem dabei ist, daß die Menschen, denen es so wahnsinnig wichtig ist, zu lieben und geliebt zu werden, vernachlässigen, andere Aspekte ihrer Persönlichkeit zu entwickeln. Und so lassen sie vielleicht gerade jene Fähigkeiten und jene Seiten ihres Selbst verkümmern, die ihre echte Attraktivität und »Liebens-Würdigkeit« ausmachen oder steigern könnten.

Um einander nicht überdrüssig zu werden, muß man in einer Ehe ein Minimum an gemeinsamen Interessen und Wertvorstellungen entwickelt haben. Die romantische Verliebtheit ist leidenschaftlich und unbändig, doch solch ein loderndes Strohfeuer ist bald heruntergebrannt. Die Zuneigung in der Ehe jedoch ist eine beständig brennende, wärmende Flamme, die Sicherheit und Geborgenheit ausstrahlt.

Jungverheiratete entdecken in den ersten Monaten und Jahren unweigerlich, daß ihr Partner nicht der Mann (bzw. die Frau) ihrer Träume ist. Die meisten können sich damit abfinden, daß dies die Realität ist, die extremen Romantiker jedoch nicht. Die Männer unter den romantischen Träumern suchen ihr Leben lang nach einer Frau, die Zärtlichkeit, Schutz und Fürsorge der idealen Mutter mit der ekstatischen sexuellen Hingabe ihrer Traumgespielin vereint. Die romantischen Frauen suchen den idealen Vater, Ehegatten, Versorger, Kumpel und Geliebten in einer Person. Vom klinischen Standpunkt her gesehen sind solche Erwartungen zweifellos anormal. Und in der Tat belegt die Sprache der überzogenen Verliebtheit den psychotischen Anstrich solcher Interaktion: Sie ist »verrückt nach ihm«, er liebt sie »wahnsinnig«. Wir wissen auch, daß Menschen, die sonst als rationale und umsichtige Zeitgenossen bekannt sind, in ihren »Liebeswehen« alle Vernunft vergessen und unbesonnen und rücksichtslos Familie, Freunde und gesellschaftliche Verpflichtungen über Bord werfen können.

Nach wie vor lesen Millionen Jugendlicher und Erwachsener

schnulzige Liebesromane über Prinzen, die mit Sekretärinnen durchbrennen, oder über die reiche, hübsche Erbin, die ihren gutaussehenden Chauffeur heiratet; man stopft sich mit diesem Unsinn buchstäblich den Kopf voll. Natürlich hat nach unseren demokratischen Idealen jeder das Recht, sich in jeden zu verlieben und ihn zu heiraten. Es wird nur viel zu wenig beachtet, daß zwei Menschen mit extrem unterschiedlichem sozialen Hintergrund die wichtigen Dinge des Lebens nur selten mit denselben Augen betrachten. Immer wieder fiel mir auf, daß dann, wenn ein Mann aus wohlhabender Familie eine Frau aus eher bescheidenen Verhältnissen heiratete (oder umgekehrt), die unterschiedlichen Auffassungen über den Umgang mit Geld oft zu einem Stein des ständigen Anstoßes wurden. Auch wenn eine sehr gebildete Frau, deren Eltern und Geschwister Karriere gemacht haben, einen Mann heiratet, der nur ein abgebrochenes Studium vorweisen kann, sagen wir mit ziemlich großer Sicherheit voraus, daß akademische Würden (oder ihr Fehlen) in dieser Ehe wahrscheinlich zum Zankapfel werden. Das Aschenbrödel-Motiv eignet sich eben gut für die Märchenwelt, aber im realen Leben ist die Gefahr groß, daß der Prinz die ungleiche Herkunft irgendwann doch als Ursache von Kummer und Entfremdung erlebt (siehe auch 21. Irrtum).

In vielen anderen Gesellschaften wird eine Ehe nicht deshalb geschlossen, weil zwei sich verliebt haben, sondern weil bereits im voraus Absprachen getroffen wurden. Die Eltern oder andere wichtige Familienmitglieder arrangieren eine Heirat, damit ein Ehepartner nicht aus der Laune des Augenblicks heraus, sondern aufgrund übereinstimmender kultureller, sozialer und finanzieller Interessen ausgewählt wird. In Indien und im Orient sind solche Heirats-Arrangements auch heute noch weit verbreitet.

Während wir uns auch weiterhin um die Einsicht herumdrükken, daß wir unsere romantischen Ideale aufgeben müssen, könnte doch so viel emotionales Unglück vermieden werden, wenn mehr Menschen wüßten, wie man statt romantischer Verliebtheit eben jene eheliche Zuneigung entwickelt, die die Grundlage für eine wirklich glückliche Ehe bildet. Die Liebe, die eine Ehe dauerhaft macht, ist gewiß tiefer und befriedigender als die romantische Verliebtheit aus den Romanheften.

Die tiefe Zuneigung zwischen zwei Ehepartnern und die Sorge füreinander können ohne die folgenden entscheidenden Faktoren nicht gedeihen:

- Freundlichkeit
- Rücksichtnahme
- Kommunikation
- Harmonisches Sich-Einstellen auf die Gewohnheiten des anderen
- Gemeinsame Aktivitäten und Unternehmungen
- Übereinstimmung in wichtigen Wertvorstellungen und Zielen
- Gleichberechtigung statt Macht und Unterdrückung
- Gegenseitigen Respekt

Verheiratete Paare müssen sich bei all den täglichen Routinetätigkeiten wie Ankleiden, Essen, Arbeiten, Schlafen etc., aufeinander einstellen. Das hat nicht zuletzt den Sinn, ein »gemeinsames Kapital« von Handlungsweisen, Gewohnheiten und Erfahrungen anzusammeln, das eine gemeinsame Basis ohne die falschen Hoffnungen und Illusionen der Verliebtheitsphase schafft.

3. Irrtum

Affären zerstören jede Partnerschaft

Üblicherweise geht alle Welt davon aus, daß ein glücklich verheirateter Mann sich nicht in eine andere Frau verliebt oder gar ihretwegen seine Ehefrau verläßt, und umgekehrt, daß eine glücklich verheiratete Frau ihre Ehe nicht aufs Spiel setzen wird, indem sie eine sexuelle Beziehung mit einem anderen Mann eingeht. Also, wird geschlossen, ist schon allein die Tatsache einer »Affäre« der Beweis dafür, daß in der Ehe etwas nicht stimmt.

Stimmt nicht!

Es gibt eine ganze Reihe von Gründen für außereheliche Beziehungen, wobei nur einige von ihnen darauf hinweisen, daß die Ehe nicht in Odnung ist. Sexuell frustrierte Ehemänner oder -frauen suchen natürlich bei anderen, was sie von ihrem Partner nicht bekommen. In anderen Fällen liegt das Problem jedoch nicht in der Ehe, sondern nur bei einem der Partner. Manche Leute sind sich beispielsweise ihrer eigenen Attraktivität und sexuellen Potenz nie sicher und müssen sich immer wieder beweisen, daß sie noch begehrenswert und »gut im Bett« sind. Andere sind vielleicht so triebstark, daß ein einziger Partner ihre Bedürfnisse kaum befriedigen kann.

Ich hörte einmal den Ausspruch: »Zeig mir einen Ehepartner beim Seitensprung, und ich zeige Dir eine Ehe am Abgrund.« Es stellte sich später heraus, daß der Mann, der das sagte, dreimal verheiratet gewesen und von seinen Ehefrauen stets wegen ihres jeweiligen Geliebten verlassen worden war. Ich kenne jedoch auch etliche Frauen und Männer, die aus reiner Neugier, aus dem Wunsch nach Selbstverwirklichung heraus oder nur »zur Abwechslung« außereheliche Erfahrungen machten – sozusagen als Gegengift zur drohenden Langeweile; zuweilen zeigt sich in den

Seitensprüngen auch ein gleichsam angeborener Hang zur Abwechslung. Tatsache ist, daß es sowohl gute als auch schlechte Gründe für außereheliche Beziehungen gibt.

Wenn eine Frau oder ein Mann nach dreißig Jahren Ehe sagt, sie bzw. er sei nie versucht gewesen, »fremd zu gehen« und einmal auszuprobieren, wie es im Bett mit jemand anderem ist, so muß man schon annehmen, daß es sich um eine biologische und psychologische Anomalie handelt. Ehepartner, die gelegentlich und diskret außerehelichen Verkehr haben, gehören schon eher zum normalen Bevölkerungsdurchschnitt. Viele Frauen und Männer sind, bewußt oder unbewußt, zu neuen Abenteuern durchaus bereit. Ein alter Freund erzählte mir bei seiner Silberhochzeit, daß er in den letzten vierundzwanzig Jahren – ganz diskret – mehrere »Affären« gehabt habe, und fügte dann hinzu, daß sein eheliches Sexualleben noch immer das schönste für ihn sei. Und er äußerte die Absicht, weiterhin dafür zu sorgen, daß sein Eheleben anregend bleibe, indem er nun auch bis zur goldenen Hochzeit hier und da – ganz diskret – einen Seitensprung unternehme.

Das soll nicht etwa heißen, daß außerehelicher Sex einer jeden Ehe unbedingt förderlich sei. Es gibt auch Menschen, für die sexuelle Beziehungen außerhalb der ehelichen Grenzen auf keinen Fall ratsam, wenn nicht sogar völlig undenkbar ist, sei es aus charakterlichen, religiösen oder sozialen Gründen. Ich habe schon so manchen, der sich auf unerlaubte sexuelle Beziehungen eingelassen hatte, hinterher an seinen Schuldgefühlen untergehen gesehen. In solchen Fällen rate ich, weiteren Affären möglichst aus dem Weg zu gehen, so, als handle es sich um leckere Pralinen, die mit Arsen gefüllt sind. Es gibt also Menschen, für die außereheliche sexuelle Beziehungen das reinste Gift sind.

Die andere Seite der Medaille verdeutlicht eine wahre Geschichte, die sich schon 1960 zugetragen hat: Ich hatte erst vor kurzem meine Privatpraxis eröffnet; eine meiner ersten Patientinnen war eine dreißigjährige Frau, seit fünf Jahren verheiratet, Mutter von zwei Kindern, die damals fünf und zwei Jahre alt waren. Anita hatte die Absicht, ihren Mann zu verlassen, aber vor dem Weg zum Anwalt wollte sie mit einem Psychologen reden, um zu prüfen, ob die Ehe nicht doch noch zu retten sei. Das Hauptproblem, sagte sie, habe vom ersten Tag der Ehe an bestanden. Für ihren Ehemann war Sex einmal pro Monat – oder auch nur alle zwei Monate – mehr als genug. Sie hingegen bezeichnete sich selbst als »heißblütig« und wünschte sich mindestens einmal pro Nacht leidenschaftliches sexuelles Zusammensein.

Für eine richtige Einschätzung und Behandlung der Probleme wäre es nötig gewesen, auch ihren Ehemann zu sehen, der aber lehnte ab. Er vertrat den Standpunkt, mit ihm sei doch alles in Ordnung. Anita sei »sexbesessen«. Als sie das hörte, wollte sie sofort die Scheidungsklage einreichen.

Ich beruhigte sie und riet ihr, nichts zu überstürzen. Dann stellte ich ihr verschiedene Fragen. Wie war er denn sonst als Ehemann, mal abgesehen von den sexuellen Differenzen? Sie beschrieb ihn als freundlich, tüchtig, fürsorglich und engagiert, als gutmütig und verläßlich. Und wie war er als Vater? Er war ein ausgezeichneter Vater, der sich um seine Kinder kümmerte, viel Zeit mit ihnen verbrachte, sie liebte und von ihnen geliebt wurde. Und versorgte er seine Familie ausreichend? Hervorragend! Er war stellvertretender Generaldirektor einer großen expandierenden Firma, hatte eine lukrative Provisionsrate, bekam ein hohes Gehalt und hatte etliche wohlüberlegte Investitionen getätigt. Wie war er denn als Lebensgefährte? Obwohl er viel arbeitete, war er keineswegs arbeitssüchtig und nahm sich Zeit für gesellige Veranstaltungen, interessante Ausflüge und andere Freizeitbeschäftigungen.

Als ich Anita dann fragte, warum sie nur wegen der Sexualität soviel aufgeben wolle, wurde sie wütend und fuhr mich an: »Sie haben leicht reden! Soll ich mich mit meiner Frustration vielleicht einmauern?«

Da ihr Ehemann so viele positive Eigenschaften zu haben schien und so seltene Qualitäten in sich vereinte, schlug ich ihr vor, die Ehe fortzusetzen und sich sexuelle Befriedigung anderweitig zu suchen. »Aber das ist absolut unmoralisch!« entgegnete sie. Wäre es denn moralischer, fragte ich, sich scheiden zu lassen, Vater und Kinder auseinanderzureißen und eine im Grunde doch gute Beziehung zu zerstören? (Sie hatte gesagt, die Spannungen, die durch die sexuellen Differenzen entstanden waren, seien in ihrer Ehe die einzigen geblieben.)

»Du sollst nicht ehebrechen!« erwiderte sie scharf. Aber war es nicht der Sinn dieses Gebotes, Ehe und Familie zu schützen? Da in diesem Fall eine außereheliche Beziehung die Scheidung vielleicht verhindern und die Familie retten könnte, ging es nicht um einen gewöhnlichen Ehebruch, sondern um einen quasi therapeutischen Ehebruch.

Einige Wochen später verführte Anita ihren Partner im gemischten Tennisdoppel, Neil, mit dem sie bei einem Turnier zusammengespielt hatte. Eine hitzige, leidenschaftliche »Affäre« begann. Ihr Geliebter, zehn Jahre älter als sie, war verheiratet und hatte drei Kinder. Seine Frau war seit zwei Jahren durch einen Autounfall querschnittgelähmt.

Drei Jahre nach Beginn dieser Affäre tauchte Anita wieder in meiner Praxis auf. Sie hatte Probleme, weil Neil sie drängte, ihn zu heiraten. Ich bestellte beide zu einem gemeinsamen Gespräch und machte Neil klar, daß er, wenn er seine hilflose Frau verließe, so mit Schuldgefühlen belastet wäre, daß dies jede neue Ehe von vornherein untergraben würde. »Und wenn du keine solchen Schuldgefühle hast, bist du ein eiskalter Schuft, dann will ich nichts mehr mit dir zu tun haben!« keifte Anita.

1980 stellte ich im Rahmen einer Kontrolluntersuchung fest, daß ihr heimliches Verhältnis weiterhin fortbestand. Fazit: Zwei Ehen und Familien waren erhalten geblieben. Neils Kinder waren inzwischen verheiratet, er war sogar schon Großvater. Anitas Sohn besuchte eine Hochschule, die Tochter war verlobt und arbeitete in der Firma des Vaters.

Außereheliche sexuelle Beziehungen sind für manche Ehen gut, für andere weder gut noch schlecht, und für wieder andere können sie sich als absolut destruktiv erweisen. Aber es ist ein Mythos, daß eine »Affäre« unweigerlich jede Ehe in den Abgrund stürze. Und ebensowenig ist sie automatisch der Beweis dafür, daß die Ehe »nicht in Ordnung« ist.

4. Irrtum

Partner haben keine Geheimnisse voreinander

Diese falsche Vorstellung ist unter Umständen gefährlicher als manche anderen zusammen. Schon beim ersten Irrtum habe ich erwähnt, welche Belastung die »totale Offenheit« für eine Ehe werden kann. Wärend man mit dem besten Freund über alles von A bis Z offen reden kann, sollte in einer guten Ehe etwa bei W Schluß sein. Informationen vom Typ Z können für eine Ehe zuviel sein, und Offenbarungen über außereheliche Beziehungen zum Beispiel – ob es nur für eine Nacht war oder eine längere leidenschaftliche Affäre – fallen in die Kategorie Z.

Als ich vor einigen Jahren dieses Thema in einem Seminar über Ehe- und Sexualtherapie ansprach, behauptete ein Teilnehmer, meine Sichtweise sei wohl mit meinem Alter zu erklären, und ich gehörte halt noch einer anderen Generation an. Er war sicher, daß die modernen jungen Paare, anders als ihre Eltern, viel häufiger bereit seien, die »offene Ehe« zu akzeptieren. Er meinte, Eifersucht sei ein Relikt aus der Zeit, als man Heirat noch mit Besitzanspruch gleichgesetzt habe. Er und seine Frau, so betonte er, wüßten von den vergangenen wie von den aktuellen Affären des anderen, und dieses Wissen schade ihrer Ehe keineswegs, sondern bereichere sie geradezu.: »Wir erzählen uns gern, was wir mit anderen im Bett erleben. Das regt uns beide ungemein an und macht Sex für uns aufregender und befriedigender.« Das löste eine hitzige Debatte aus, weil die meisten seiner Altersgenossen seine Meinung durchaus nicht teilten. Zwei Jahre später hörte ich, er sei geschieden und habe wieder geheiratet.

Es gibt keine festen, unverbrüchlichen Regeln, die für alle Ehen gelten können. Die Menschen sind nun einmal sehr verschieden und haben vielschichtige Persönlichkeiten. Sicher gibt es Leute, denen eine offene Ehe, Partnertausch oder das Leben in einer Kommune guttun, aber nach allem, was ich bei Klienten, Freunden und Bekannten im näheren und weiteren Umkreis beobachten konnte, komme ich doch zu dem Schluß, daß es für die meisten Ehen gesünder ist, wenn man bestimmte Dinge für sich behält.

Dazu möchte ich ein gutes Beispiel anführen: Ein junger College-Professor hatte sich auf ein Abenteuer mit einer hübschen Studentin eingelassen. Jeff war eigentlich glücklich verheiratet mit Linda, konnte aber dem Charme dieser besonders attraktiven jungen Dame, die ihm deutlich schöne Augen machte, nicht widerstehen. Ihre Bereitwilligkeit schmeichelte ihm und hob sein Selbstwertgefühl, und obendrein konnte er im Bett das eine oder andere von ihr lernen. Die heimliche Romanze zog sich schon über zwei Semester hin, und Jeffs gefühlsmäßige Bindung an seine Geliebte wurde doch intensiver, als er zunächst beabsichtigt hatte. Da er aber Linda und seine beiden kleinen Kinder wirklich liebte, beschloß er, die Affäre zu beenden. Etliche Monate später ging er zu einem Psychologen, weil es ihn noch immer bedrückte, daß »eine wunderschöne Bezhiehung« zu Ende war und er sich auch irgendwie verunsichert und durcheinander fühlte. Er bekam den Rat, mit Linda »reinen Tisch« zu machen und ihr alles zu erzählen. (Dieser Berater saß zwei weiteren Irrtümern über die Ehe auf: »Mann und Frau sollen keine Geheimnisse voreinander haben« und: »In der Ehe ist totale Offenheit die beste Absicherung«.)

Jeff befolgte diesen Rat und erzählte seiner Frau von der Affäre. Er beichtete alles, und Lindas Reaktion kann man nur als psychotischen Wutausbruch bezeichnen. Der Ärmste sah sich unvermittelt von einer so gnadenlosen Rache verfolgt, daß ihm schien, er hätte sich lieber die Zunge herausschneiden sollen anstatt die Geschichte zu erzählen. Wenig später hatten Linda und ihr einflußreicher Vater allen Kontakt zu ihm abgebrochen, und nun stand er da – ohne Frau, ohne Freundin, ohne Arbeit und ohne Kinder.

Viele Männer erzählen mir von ihren Phantasien über eine absolut treue und ergebene Ehefrau, die außereheliche Eskapaden nicht nur duldet, sondern sogar gut findet. Wenn nämlich mit den hübschen Gespielinnen etwas schiefgeht, dann wollen sie heimkommen können und von der Ehefrau getröstet werden. Und ich habe auch etliche Männer in Behandlung gehabt, die verrückt genug waren, diesen Traum in die Realität umsetzen zu wollen, um dann schwer enttäuscht festzustellen, daß die Ehefrau die ihr zugedachte Rolle nicht akzeptieren wollte.

Ein typisches Beispiel: Seit der Schulzeit waren Kate und Joanne die besten Freundinnen. Sie heirateten beide während des Studiums und blieben auch danach miteinander befreundet. Vier Jahre nach ihrer Eheschließung wurde Kate geschieden, und Joanne und ihr Mann Stan leisteten ihr den in dieser Zeit notwendigen emotionalen Beistand. Stan und Kate kamen sich dabei bald näher und gingen auch zusammen ins Bett. Einige Wochen später erzählte Stan seiner Frau von der sexuellen Beziehung zu ihrer besten Freundin und erwartete allen Ernstes von ihr Verständnis und Zustimmung. Statt dessen reagierte Joanne mit Tränen und Wut und blieb entschieden bei der Auffassung, daß sie betrogen worden war. Stan war verblüfft, denn, so drückte er sich mir gegenüber aus: »Schließlich habe ich doch nicht irgendeine von der Straße aufgesammelt!« Stans Naivität ist keineswegs so selten, wie man meinen möchte. Ich habe solche und ähnliche Geschichten dutzendweise gehört.

Ein sehr weit verbreiteter Irrtum, insbesondere bei den Fachleuten in den therapeutischen Einrichtungen (die es eigentlich besser wissen müßten!) besagt, daß ein Partner auch das, was ihm verheimlicht wird, letztlich irgendwie *weiß*; folglich müsse man davon ausgehen, daß nichts Wichtiges verborgen bleiben könne. Wenn also ein verheirateter Mann ein Verhältnis hat, »weiß« das Unbewußte seiner Ehefrau genau Bescheid. Genauso nimmt der Ehemann, wenn seine Frau einen Geliebten hat, dies anhand feinster Signale und Indizien wahr, merkt schließlich etwas und »weiß irgendwie« von den Heimlichkeiten seiner Frau. Ich widerspreche dieser Auffassung entschieden. Ein Beispiel mag das belegen:

Vor einigen Jahren hatte einer meiner Freunde eine Geliebte. Harry war ausgesprochen takt-, wenn nicht sogar schamlos, was in seinem Bekanntenkreis kein Geheimnis war. Ellen war bei ihm angestellt. Unter dem Vorwand, sie habe ihm bei der Arbeit zu helfen, war sie oft bei ihm zu Hause. Seine Frau, Barbara, ging ab und zu mit Ellen einkaufen, und gelegentlich gingen sie zu dritt ins

Kino. Das lief etwa vier Jahre lang so, und immer wieder wurde in der Stadt darüber getuschelt. Jeder rätselte, ob Barbara eigentlich wußte, was los war, oder ob sie tatsächlich keine Ahnung hatte. »Aber sicher weiß sie es.« »So blind kann doch kein Mensch sein!« »Vielleicht machen sie ja auch einen flotten Dreier?«... Ich war der einzige, der behauptete, daß Barbara keine Ahnung vom wahren Charakter dieser Beziehung hatte.

Um seine schließlich unerträglich gewordenen Schuldgefühle loszuwerden, beschloß Harry Barbara aufzuklären. Ich nehme an, er wollte die Affäre mit Ellen beenden und sah darin eine Möglichkeit, das Ende mit Sicherheit herbeizuführen. Seine Beichte hatte verheerende Folgen für die Ehe wie auch für Ellen; bis heute haben sich die Beteiligten davon nicht völlig erholt. Ich wartete einige Wochen ab, bis das Schlimmste durchgestanden war, und fragte dann Barbara, ob sie denn, bewußt oder auch nur halbbewußt, die Wahrheit geahnt habe. Sie hätte nun, um ihr Gesicht zu wahren, antworten können, sie sei doch nicht naiv und habe natürlich einen gewissen Verdacht gehabt. Jedoch: »Ich hatte nicht die geringste Ahnung«, sagte sie mir. »Erstens vertraute ich Harry bedingungslos« (siehe 7. Irrtum), »und außerdem tat Ellen mir leid. Sie hat es im Leben nicht leicht gehabt, und ich nahm einfach an, daß Harry genauso dachte wie ich.« Harry erklärte mir kürzlich, er würde »alles darum geben«, wenn er nur Barbaras Wissen um die Affäre aus ihrem Gedächtnis tilgen könnte.

Wenn Sie sich also wegen eines außerehelichen Verhältnisses schuldig fühlen, ist es wirklich das Beste, Sie machen »reinen Tisch« und beichten die ganze Geschichte vollständig – aber *nicht* dem Ehepartner, sondern jemandem, von dem Sie wissen, daß er Vertraulichkeiten für sich behält.

5. Irrtum

Ein Paar sollte alles gemeinsam tun

Die »totale Gemeinsamkeit« gehört zu den weit verbreiteten falschen Vorstellungen über die Partnerschaft. Wahrscheinlich entspringt sie dem romantisierenden Trugschluß (siehe 2. Irrtum), daß die ideale Gemeinschaft aus zwei Individuen bestehe, die zu einer selbstvergessenen Einheit verschmolzen sind. Die beiden Turteltauben tauchen überall zusammen auf, tun alles gemeinsam und teilen alles miteinander. Undenkbar, daß einer von beiden irgendeine nennenswerte Erfahrung ohne den anderen macht. Sie hören auf, als Individuen zu existieren, und agieren nur noch als Paar. Wenn es bei Gesprächen mit meinen Klienten um dieses Problem geht, finde ich die folgenden, einfachen Diagramme immer wieder nützlich:

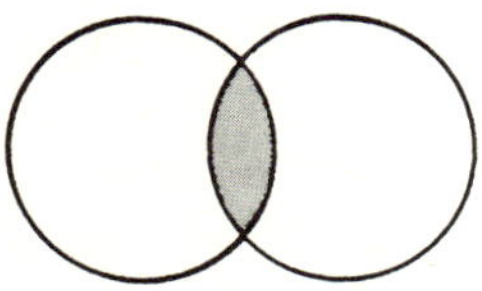

1. Dieses Diagramm zeigt, daß die Beziehung der Eheleute wenig Substanz hat. Es gibt wenig Übereinstimmung, die gemeinsame Basis ist dürftig.

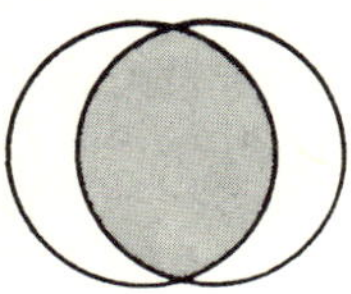

2. Hier ist eine gute Ehe dargestellt. Es gibt 75–80 Prozent Übereinstimmung, aber auch genügend Eigenständigkeit, um individuelle Entwicklungen und beiden Partnern eine Intimsphäre zu sichern.

3. Hier haben wir das romantische Ideal, wo zwei Menschen komplett zu einer Einheit verschmolzen sind. Wäre ein solches Modell in der Praxis überhaupt möglich, würde dabei wahrscheinlich bald der emotionale Erstickungstod eintreten.

Meiner Meinung nach haben die meisten Verheirateten die Verantwortung, die die Eltern für sie trugen, einfach dem Ehegatten übertragen. Wenn der sechsjährige Pat den siebenjährigen Kim fragt, ob er zum Spielen herüberkomme, antwortet Kim: »Ich muß erst meine Mutter fragen.« Wenn dann beide sechsundzwanzig und siebenundzwanzig Jahre alt sind und einer den anderen fragt, ob er mit zum Kegeln, zum Fußball oder ins Kino komme, erscheint es mir absurd, wenn die Antwort lautet: »Ich muß erst meine Frau fragen.« Noch absurder wird es, wenn Alice (25 Jahre) auf eine Einladung in die Oper (die sie liebt, während ihr Mann Opern nicht ausstehen kann) antwortet: »Ich muß erst meinen Mann fragen, ob ich darf.«

Ich plädiere allerdings nicht für eine verantwortungslose Haltung, die zum Ausdruck bringt: »Der andere ist mir egal.« Natürlich gehört zu einer guten Partnerschaft, daß man bei seinen Entscheidungen auch den anderen berücksichtigt. Wenn zum Beispiel Sam seiner Frau Susie erklärt, daß er gleich mit seinen Freunden zum Bowling geht, und sie daraufhin sagt: »Hast du vergessen, daß wir Tante Tilly versprochen haben, sie heute im Krankenhaus zu besuchen?«, wird Sam seinen Freunden erklären, daß er heute nicht dabeisein kann – nicht, weil sein Drachen ihm keinen Ausgang gewährt, sondern weil er schon anderweitig verabredet ist. Genauso wird Susie, wenn sie mit ihrer Freundin ausgehen oder sich ein Ballett anschauen möchte, Sam ihr Vorhaben einfach mitteilen und bestimmt nicht untertänigst um seine gütige Erlaubnis bitten.

Haarspalterei? Ich meine, der Unterschied ist wichtig. Viele Leute haben mir entgegnet: »Wenn ich sage, daß ich erst meine Frau fragen muß, dann meine ich nicht, daß ich Mamas Segen brauche, sondern daß ich es einfach nicht gut finde, in der Ehe einseitige Entscheidungen zu treffen; wir müssen ja alles erst einmal zusammen abklären.«

(»Man darf in der Ehe keine Entscheidung allein treffen« ist auch ein Irrglaube, der auf unsere Liste gehört. Natürlich ist es das Beste, wenn man in Dingen, die die Ehe oder den Partner mitbetreffen, gemeinsam entscheidet. Wer jedoch auf eigene Entscheidungen ganz verzichtet, gibt das unabhängige Denken auf.)

Häufig offenbart die Sprache, welche Einstellungen zugrunde

liegen: »Mein Mann läßt mich heute abend nicht fort«; »Meine Frau verbietet mir, in den Sportverein einzutreten«; »Ich darf gar nicht sagen, daß ich am Wochenende Golf spielen möchte«; »Mein Mann erlaubt mir nicht, an Bridge-Turnieren teilzunehmen.« Das sind wörtliche Zitate aus paartherapeutischen Sitzungen. Diese Paare waren in Behandlung, weil einer der beiden Partner (oder beide) übermäßigen Druck ausübte(n), um ständige Zweisamkeit zu erzwingen, was beide in ihrer Bewegungsfreiheit stark einengte. Kein Wunder, daß viele Leute die Ehe als Fessel und Gefängnis betrachten und schreckliche Angst davor haben!

Launige Sprüche über Heirat und Scheidung gibt es wie Sand am Meer: »Geheiratet wird wegen mangelnder Urteilsfähigkeit, geschieden wird wegen mangelnder Geduld und wiedergeheiratet wird wegen Gedächtnisschwund.« »Geistige Umnachtung ist nur gelegentlich ein Scheidungsgrund, aber in jedem Falle der Heiratsgrund.« Karikaturisten stellen die Ehe häufig mit Eisenkugel und Kette dar – schlimm! Denn eine gute Partnerschaft eröffnet in Wirklichkeit zusätzliche Freiheiten.

Dazu eine positive kleine Begebenheit, die auch wirklich so passiert ist: Millie kam vom Mah-Jongg-Spielen mit ihren Freundinnen heim und stellte fest, daß ihr Mann (der zu Hause geblieben war, um einige Akten durchzuarbeiten) die Spülmaschine ausgeräumt und zwei Maschinen voll Wäsche gewaschen hatte. Als er am nächsten Abend vom Stammtisch nach Hause kam, stellte er fest, daß Millie die Wände im Gästezimmer gestrichen hatte (eine Arbeit, die ihm ziemlich zuwider war; er hatte sie deshalb immer wieder vor sich hergeschoben).

Manche Leute fühlen sich schuldig, wenn sie ohne ihren Partner irgendwohin gehen oder etwas unternehmen. »Ich glaube, es ist nicht in Ordnung, wenn der Mann hierhin und die Frau dorthin geht. Wenn doch jeder allein seiner Wege geht, wozu haben sie dann geheiratet?« Dieser Satz stammt von Alf, 44 Jahre alt. Er bestand darauf, daß seine Frau mit ihm Boot fahren müsse. Marie wollte aber lieber am Strand bleiben, in der Sonne liegen und ein Buch lesen, wenn er mit dem Boot draußen war. Sie sagte: »Mir wird schlecht bei der Schaukelei; ich halte ihn ja gar nicht davon ab, mit dem Boot zu fahren. Ist es zuviel verlangt, wenn ich möchte, daß Alf tut, was ihm gefällt, und ich tun kann, was mir gefällt? Wir können ja, wenn er das Boot an Land gezogen hat, zusammen an Bord etwas trinken und dann zum Essen gehen.« Alf wollte das nicht akzeptieren. »Die anderen Männer haben alle ihre Frauen dabei. Ich möchte eben, daß wir alles zu zweit machen.«

Steve hatte ähnliche Vorstellungen, aber er wollte die ganze Familie um sich haben. Auch er war stolzer Bootsbesitzer und verstand unter Familienzusammenhalt, daß Janet und seine beiden Söhne an Bord zu sein hatten, wenn er den 96 000-Dollar-Kahn in der Bucht spazierenfuhr. Seine Frau und der jüngere Sohn wollten jedoch lieber schwimmen, surfen oder lange Strandspaziergänge machen. Warum also skipperte er nicht mit seinem älteren Sohn und ließ Janet und Billie tun, was sie gerne wollten? »Das entspricht halt nicht meinen Vorstellungen von einem schönen Familienausflug«, erklärte Steve.

Beide, Alf und Steve, setzten den Partner unter Druck. Es ist nicht besonders klug, den anderen so zu bedrängen und Zwang auszuüben. Die meisten Menschen hassen es, wenn sie etwas tun sollen, was sie im Grunde nicht wollen. Verstimmung ist die Folge, und diese führt dann meistens zu Spannungen und Krächen. Alf und Steve hatten nicht einmal versucht, attraktive Gegenleistungen anzubieten. Sie hätten zum Beispiel sagen können: »Mir ist so wichtig, daß du dabei bist – wenn du mitkommst, verspreche ich dir, daß wir in den nächsten zwei Monaten dreimal ins Theater gehen ... und hinterher noch in ein gutes Restaurant zum Essen.«

Ein anderes Ehepaar kam zu mir zur Therapie, weil es ständig Streit um Cocktailparties gab: Fred konnte sie nicht ausstehen, Kay liebte Parties. Während Fred erklärte: »Ich würde lieber zu Hause bleiben und fernsehen oder ein Buch lesen. Ich hasse dieses oberflächliche Gerede«, sagte Kay: »Für mich ist das immer eine gute Gelegenheit, mich schick zu machen, neue Leute kennenzulernen, alte Freunde unverhofft wiederzusehen und beim örtlichen Klatsch und Tratsch auf dem laufenden zu bleiben.« Meistens schaffte sie es irgendwie, ihren Mann zum Mitkommen zu überreden, aber zuweilen artete der Streit fast in Handgreiflichkeiten aus. Er versuchte oft, das Ganze zu sabotieren, indem er, kurz bevor es

Zeit zum Umziehen war, einen Streit vom Zaun brach. Hier ein Ausschnitt aus unserem Beratungsgespräch:

ICH: (zu Fred) Seien Sie mal ehrlich, hätten Sie was dagegen, wenn Ihre Frau allein zu solchen Parties ginge? Dann könnten Sie zu Hause bleiben und sich entspannen, anstatt wie ein widerspenstiges Kind mit dorthin zu trotten.

FRED: Ob ich was dagegen hätte? Keineswegs! Das fände ich toll!

ICH: (zu Kay) Mir scheint, Sie zahlen einen hohen Preis für seine Begleitung – warum gehen Sie nicht ohne ihn?

KAY: Wie könnte ich! Was denken denn die Leute! Und was soll ich sagen, wenn mich jemand fragt, wo er ist?

ICH: Sie können sagen, er ist verreist, oder es geht ihm nicht gut, oder daß er einen wichtigen Geschäftstermin hat. Sie könnten auch einfach die Wahrheit sagen: daß er sich aus Cocktailparties nichts macht und daß Sie beide überein gekommen sind, daß er nicht unbedingt mitkommen muß.

Kay befolgte meinen Rat und ging jetzt ohne ihren Mann, und zwar nicht nur zu Cocktailparties, sondern auch zu Shows und Musicals, für die sich Fred auch nicht interessierte. Sie schloß sich dann meistens einem anderen Ehepaar oder einer Freundin an. Ergebnis: ein neuentdecktes Freiheitsgefühl für beide, weniger Konflikte und mehr Zuneigung.

Bevor ich auf den nächsten Irrtum zu sprechen komme, möchte ich noch ein Fallbeispiel anführen: Ein Ehepaar kam zur Beratung, weil die Ehe so gut wie gescheitert war. Der Mann hatte sich bereits einen Anwalt genommen; seine Frau war sehr verzweifelt und sagte, sie habe Depressionen und große Angst vor der drohenden Scheidung. Sie hatten vier Kinder im Alter von viereinhalb bis zehn Jahren. Jason, der Ehemann, erklärte seinen Standpunkt so: »Ich weiß nicht, was los ist, ich bin ganz durcheinander. Ich liebe Laura und die Kinder, aber mir ist das alles irgendwie zuviel Ich habe das Gefühl, ich muß hier weg, bevor ich verrückt werde oder einen Herzanfall kriege.«

Nachdem ich mit Laura und Jason jeweils allein gesprochen hatte, war mir der Kern des Problems klar: Die Ehe hatte viele positive Seiten, aber Laura überrollte Jason einfach mit zu vielen

Wünschen nach gemeinsamen Aktivitäten. Sie konnte hervorragend organisieren und liebte es, wenn zu Hause alles klappte und die Familie reibungslos wie ein Team zusammenarbeitete. Aber all dies, so fand ihr Ehemann, nahm ihm zuviel von der Zeit, die er eigentlich für sich brauchte. Ein erster Schritt, diese erhaltenswerte Ehe zu retten, bestand also darin, den Vater einfach aus einigen der Familienaktivitäten herauszuhalten.

Den zweiten Schritt machte Jason von sich aus: »Ich habe das Bedürfnis, einmal in der Woche woanders zu übernachten. Ich möchte mir allein ein Zimmer in einem Motel nehmen, ein paar Akten aus dem Büro mitnehmen, vielleicht auch ein gutes Buch, zu Abend essen, das Zimmer ganz für mich haben, ausruhen, ein heißes Bad nehmen und noch ein bißchen fernsehen. Sechsmal in der Woche will ich gerne für meine Familie dasein, aber den siebenten Abend will ich für mich allein haben.« Laura war von diesem Vorschlag nicht gerade begeistert und hatte den Verdacht, er plane dieses Arrangement, um die Nacht mit einer anderen Frau verbringen zu können. Soweit ich das beurteilen konnte, wollte er wirklich nichts als allein sein, Ruhe, Frieden und ein bißchen Freiraum – physisch und psychisch. Ich machte Laura klar, daß sie, wenn sie auf alle sieben Nächte pochen würde, vielleicht bald gar keine mehr mit ihrem Mann verbringen könnte. Wenn sie sich jedoch auf »sechs von sieben« einlassen könne, sei diese Ehe wohl zu retten und könne sogar viel dazugewinnen.

Das war vor zehn Jahren. Es funktionierte und läuft seither immer noch gut. Schon die Einigung über das verträgliche Maß an Zusammen- und Alleinsein konnte verhindern, daß eine im Grunde gute Ehe auseinanderbrach. Laura hat zwar noch heute den Verdacht, daß Jason, wenn er außerhalb übernachtet, mit einer anderen Frau zusammen ist, aber: »Ich bin mir nicht absolut sicher, und was ich nicht weiß, macht mich nicht heiß ... Ich muß ja zugeben, daß es jetzt unendlich leichter ist, mit ihm zusammenzuleben, und daß unsere Ehe jetzt sehr glücklich ist.«

6. Irrtum

Für eine gute Beziehung muß man sich ständig anstrengen

Wir alle haben gelernt, daß man im Leben nichts geschenkt bekommt. Wenn wir etwas ohne große Anstrengungen erreichen, kann es nicht viel wert sein und wird nicht besonders geschätzt. Dieses Klischee hat tiefgreifende Auswirkungen auf die Einstellung und die Wertvorstellungen vieler Menschen in unserer Gesellschaft. Während es im Leichtathletikstadion angebracht sein mag, wirkt es sich auf menschliche Beziehungen fatal aus.

Oft wird eine Partnerschaft (unzulässigerweise) mit einem Garten verglichen. Ein schöner Garten erfordert Arbeit: man muß planen, vorbereiten, pflanzen und viel Pflege aufwenden. Wer nur ein paar Grassamen in die Gegend wirft und ab und zu die Berieselungsanlage anstellt, kann beim Wettbewerb »Mein schöner Vorgarten« sicher keinen Blumentopf gewinnen. Man muß vielmehr laufend Arbeit investieren, den Boden lockern, düngen und gießen, die Pflanzen beschneiden, das Unkraut jäten und auf alles ein Auge haben.

Sollte es mit der Ehe anders sein? Kann man eine Beziehung, die glücklich sein soll, beginnen und fortsetzen, ohne daß man ständig »Arbeit investiert«? Sicher nicht! Muß man nicht um alles wirklich Wertvolle immerfort kämpfen? Ist die Partnerschaft nicht doch ein hartes Stück Arbeit?

Wenn Arbeit bedeutet, daß man immer die Bedürfnisse des anderen über die eigenen stellt, daß man selbst am frühen Morgen schon aufmerksam zuhört, daß man jederzeit liebenswürdig, verständnisvoll und dem Partner eine Stütze ist und niemals versucht, etwas zu sagen, was den Partner stören könnte – dann sage ich: Das können Sie vergessen! Unglücklicherweise erwarten viele Menschen von der Ehe nichts anderes als Anstrengung und harte Arbeit.

Ein gewisses Maß an Anpassung hingegen ist notwendig – von beiden Seiten, aber das ist etwas anderes als Arbeit. Zwei Menschen, die aus ganz verschiedenen Familien stammen, eine individuelle genetische Ausstattung und unterschiedliche soziale Erfahrungen mitbringen, schließen den heiligen Bund der Ehe und müssen sich von Stund' an in all ihren Eigenheiten aneinander anpassen. So gesehen, ergibt sich eine absolut grundlegende Wahrheit: *Eine gute Ehe basiert stets auf Kompromissen.*

In einer glücklichen, erfolgreichen Beziehung hat der Grundsatz des Miteinander Vorrang, statt daß einer dem anderen sagt, was er zu tun und was er zu lassen hat (siehe 20. Irrtum). Es hilft viel, wenn die Partner gut miteinander verhandeln können. Insofern irrt man nicht, wenn man behauptet, daß eine gute Partnerschaft einen gewissen Einsatz fordert. Aber wo ist die Grenze zwischen einem »gewissen Einsatz« und allzu großer Anstrengung? Vielleicht läßt sich der Unterschied mit der folgenden Fallgeschichte illustrieren:

Die stürmische Romanze zwischen Carol und Maurice führte schon nach dreieinhalb Wochen zur Ehe. Die ersten Probleme tauchten bereits während der Flitterwochen auf. Er entdeckte seine Liebe zum Segeln, sie wurde leicht seekrank. Sie wollte gern mit anderen Paaren zusammensein, er wollte mit ihr allein sein. Er wurde in den frühen Morgenstunden sexuell aktiv, während sie ein »Nachtmensch« war. Nach einem halben Jahr war der Katalog ihrer Differenzen beträchtlich: von den kleinsten Geringfügigkeiten bis zu weitreichenden grundsätzlichen Konflikten war alles vorhanden. Oft waren beide verletzt und verärgert und fühlten sich vom anderen nicht verstanden. Wie bei vielen Paaren, gab es bei Carol und Maurice neben ihren Zweikämpfen auch Zeiten, in denen sie miteinander glücklich waren und viel Spaß hatten. Nach vierzehn Monaten wurde ihre Tochter geboren. Nach drei Jahren wurden die Auseinandersetzungen jedoch so unerträglich, daß das Wort Scheidung nicht nur gelegentlich als Drohung ausgesprochen wurde, sondern in den Bereich des Möglichen rückte. Selbst in der Öffentlichkeit stritten sie nun hemmungslos miteinander. Vor dem Gang zum Anwalt wollten sie es jedoch noch mit einer Beratung versuchen. Sie riefen bei mir an und baten um einen Termin.

Nach einigen Paarsitzungen sprach ich jeweils zwei Sitzungen lang mit Maurice und Carol allein. Wir arbeiteten heraus, wo ihre hauptsächlichen Differenzen lagen, ebenso ihre falschen Strategien im Umgang mit Konflikten und ihre nutzlosen Lösungsversuche. Gemeinsam brüteten wir dann konstruktive Methoden aus, mit deren Hilfe beide gewisse Übereinkünfte treffen, Verträge abschließen und offene Verhandlungen führen konnten.

Carol hängte folgende Liste an die Pinnwand in der Küche:

1. Niemals die ganze Person kritisieren, sondern nur einen bestimmten Aspekt ihres Verhaltens.
2. Nicht interpretieren! (das heißt, dem anderen sagen, was er denkt oder empfindet).
3. Nicht sagen: »Immer tust du das und das« oder »Niemals machst du ...« Bezieh dich immer speziell auf das, was du gerade meinst.
4. Vermeide Kategorien wie richtig/falsch oder gut/schlecht. Wenn Differenzen auftreten, nach Kompromissen suchen!
5. Sag: »Ich empfinde dich ...«, anstatt »Du bist so und so«; zum Beispiel: »Ich empfinde es als verletzend, wenn du mich ignorierst«, und nicht: »Du bist egozentrisch und rücksichtslos, denn du ignorierst mich.«
6. Sei direkt und ehrlich. Sag, was du meinst, und sag nichts, was du nicht meinst.
7. Ich bin okay, du bist okay. Ich bin wichtig, und du bist genauso wichtig.

Carol machte von diesen »Sieben Grundregeln« zwei Kopien. Maurice nahm eine in seine Brieftasche, Carol legte die zweite in ihr Notizbuch.

In unseren wöchentlichen Therapiesitzungen lernten beide, sich an diese Richtlinien zu halten, und fügten weitere Ge- und Verbote hinzu. Nach vier Monaten Therapie hatten die Streitereien aufgehört. Kein ungutes Wort fiel mehr, und Carol berichtete: »Wir haben uns in den letzten fünf oder sechs Wochen kaum gestritten und es tatsächlich geschafft, immer wieder zu verhandeln und Kompromisse zu finden.« Maurice pflichtete ihr bei und fügte hinzu: »Wir diskutieren anstatt zu streiten, und immer, wenn es Differenzen gibt, setzen wir einen Vertrag auf.« Carol bemerkte, sie hätten noch nie so harmonisch zusammengelebt – selbst in der kurzen, romantischen Verlobungszeit nicht.

An diesem Punkt schien es, als sei die Therapie erfolgreich gewesen. Statt sich gegenseitig unter Druck zu setzen, gingen die beiden gleichberechtigt miteinander um. Zank und Streit waren durch Diskussion und »Fair Play« überflüssig geworden. Dann jedoch sagte Carol: »Aber es ist so anstrengend!« Maurice sah mich an und setzte hinzu: »Naja, ich nehme an, für eine gute Ehe muß man sich halt anstrengen. Man sagt ja, daß sie wie ein Garten ist, in dem man ständig gießen, düngen und Unkraut jäten muß. Eine gute Ehe fällt nicht vom Himmel, die muß man sich hart erarbeiten, oder?«

Bevor ich antworten konnte, erklärte Carol: »Als wir vor vier Monaten das erstemal zu Ihnen kamen, war unser Ehe-Kanu kurz davor, in den Stromschnellen zu kentern. Sie haben uns Ruder in die Hand gegeben, und jetzt sind wir ein gutes Stück stromaufwärts gerudert, in ruhigere Gewässer. Aber die Strömung ist so stark, daß wir nicht wagen, auch nur einen Moment auszuruhen und die Landschaft zu genießen. Wenn wir nur für ein paar Minuten aufhören, zieht es uns wieder stromabwärts und in die Stromschnellen!«

Ich schaute Maurice in die Augen. Unsere Blicke trafen sich, und dann schaute er weg. Carol starrte an die Decke. Sie schien angestrengt nachzudenken. Ihre Worte hatten etwas ausgedrückt, was ich selbst auch schon gespürt hatte; ich fühlte mich unwohl. »Für eine gute Ehe muß man sich anstrengen«, »Wir wagen es nicht, uns auszuruhen«, »Die Strömung ist so stark«, »Es ist wie mit einem Garten ...« Wir hatten mehr als ein Dutzend Sitzungen hinter uns, und jetzt waren wir an einem Wendepunkt. Sie waren gute Klienten, die alle Aufgaben erfüllt und enorme Fortschritte gemacht hatten. Und nun fragten sie sich, was eigentlich dabei herausgekommen war. Sie wagten es nicht, schließlich jene grundsätzliche Frage zu stellen, die jetzt im Raum stand: »Ist das alles, was man von einer Ehe erwarten kann? Haben wir unsere lautstarken Ehekräche gegen nichts als Anstrengung und harte Arbeit eingetauscht?«

Ich beschloß, ganz offen zu sein und sagte: »Tja! – vielleicht sind Sie beide nun reif genug für eine gütliche Trennung.«

Weder Carol noch Maurice schienen besonders betroffen. Sie waren höchstens beide erleichtert, daß ich nun nicht länger die Segnungen der Zweisamkeit und des ewigen Verhandelns pries. Carol sagte: «Über alles und jedes müssen wir diskutieren.« Maurice schaute gern fern, sie haßte es. Sie liebte Ballett und Oper, er langweilte sich dabei zu Tode. Er spielte gern Softball, Bowling und Handball, sie begeisterte sich für Tennis, Golf und Schwimmen.

Dadurch wurde praktisch jede Unternehmung, ob einzeln oder gemeinsam, Gegenstand von Verhandlungen und Kompromissen: »Ich gehe mit zum Ballett, wenn du dafür mit mir ins Kino gehst.« ... »Warum gehst du nicht Tennis spielen, wenn ich beim Bowling bin?« Nachdem wir über weitere unterschiedliche Vorlieben und Abneigungen der beiden gesprochen hatten, war klar, daß Maurice und Carol in fast allen Punkten verschiedener Meinung waren. Ihre Vorstellungen, was Kleidung, Bekanntschaften, Kunst, Ernährung, Politik und Religion betraf, waren sehr unterschiedlich. Nur sexuell hatten sie eine tiefe und befriedigende Beziehung zueinander gefunden: »Richtig einig sind wir uns nur im Bett.«

Trotz dieser enormen Divergenzen hatten Carol und Maurice es mit Hilfe der Paartherapie geschafft, ohne große Kollisionen zusammenzuleben. Sie gingen mit ihren Meinungsverschiedenheiten reif, vernünftig und durchaus einfühlsam um. Mir war jetzt allerdings klar, warum die beiden ihre Ehe so aufreibend und ermüdend fanden: das war keine Ehe. Vielmehr waren sie so etwas wie eine gut eingespielte Seilschaft bei einem schwierigen Aufstieg. Sie schliefen zwar miteinander, aber sie liebten sich nicht. Sie erlebten kein Füreinander-Dasein und kein gemeinsames Glücksgefühl. In ihrem Zusammensein gab es ab und zu harmonische Augenblicke, aber letztlich fühlten sich beide verzweifelt einsam. Diese Ehe hätte in der Tat gar nicht erst geschlossen werden sollen.

Maurice fragte: »Aber sollten wir nicht um des Kindes willen zusammenbleiben? Man weiß ja, was aus Scheidungskindern meistens wird!« Ich sagte dazu, daß ich Dutzende von Patienten behandelt hatte, deren Probleme daher stammten, daß ihre Eltern

»wegen der Kinder« zusammengeblieben waren. Viele meiner erwachsenen Patienten haben mir gesagt: »Ich wünschte, meine Eltern hätten sich scheiden lassen, das wäre für mich viel besser gewesen.« Es ist ungut, wenn ein Kind in einer Atmosphäre von Spannung und unterdrücktem Groll aufwächst oder – noch schlimmer – in einer Familie, in der die Eltern sich offen bekämpfen. Eine einvernehmliche Scheidung, die dem Kind einen möglichst freien Umgang mit beiden Eltern sichert, schafft oft ein wesentlich gesünderes Klima für seine seelische Entwicklung (siehe 15. Irrtum).

Den Entschluß zur Scheidung faßt man nicht so ohne weiteres. Carol und Maurice verbrachten die nächsten Monate damit, die Sache zu überdenken. Dann baten sie um einen Termin. »Es hilft alles nichts«, berichtete Carol, »obwohl wir nach wie vor gut zurechtkommen, haben wir einfach nicht genügend Gemeinsamkeiten, um wirklich harmonisch miteinander leben zu können.« Ich sagte, daß es gut sei, eine einvernehmliche Scheidung dann ins Auge zu fassen, wenn sich die Ehe in relativ ruhigem Fahrwasser befindet und nicht von Turbulenzen erschüttert wird. »Es ist für Sie ja viel einfacher, fair, vernünftig und offen zu sein, wenn Sie als Freunde und nicht als Feinde verhandeln.« Maurice bemerkte: »Wir sind tatsächlich sehr gute Freunde, aber als Ehepaar sind wir eine Kathastrophe.«

Wir arbeiteten zu dritt eine faire und gerechte Scheidungsregelung aus. Maurice und Carol sollten das gemeinsame Sorgerecht für ihre Tochter behalten. Wir sprachen auch über die Aufteilung von Finanzen, Möbeln und sonstigem Besitz und über neue Wohnmöglichkeiten. Der endgültige Vertrag wurde dann von Anwälten aufgesetzt, und 18 Monate später war die »perfekte« Scheidung vollzogen.

Es ist fast fünf Jahre her, seit ich sie das letzte Mal sah. Ich suchte Maurice an seinem Arbeitsplatz auf, um eine Art Nachuntersuchung durchzuführen. Etwa sieben Monate nach der Scheidung hatte er wieder geheiratet, und auch Carol hatte erneut geheiratet. Beide hatten bereits ein Kind mit dem neuen Ehepartner. Maurice sagte, seine zweite Ehe sei sehr glücklich. »Ich habe aus den Fehlern der ersten Ehe viel gelernt, und soweit ich weiß, geht es auch Carol jetzt recht gut.« Ihre Tochter, mittlerweile sieben

Jahre alt, »bemutterte« ihren Halbbruder genauso liebevoll wie die Halbschwester. »Ich bin froh, sagen zu können, daß sie ein glückliches Kind ist... Nun weiß ich, daß wir damals richtig gehandelt haben.«

Was können wir von Carol und Maurice lernen?

So manche therapeutische Autorität vertritt den Standpunkt, daß fast alle beliebigen Paare eine Ehe miteinander führen können, wenn sie sich an folgende Grundregeln halten:

Zu vermeiden sind: Etikettierungen, Anschuldigungen, verurteilen, anklagen, dem anderen Fehler nachweisen, fordern, ignorieren, angreifen.

Zu verwirklichen sind: loben, Komplimente machen, zuhören, diskutieren, danken, helfen, verzeihen.

Hält man sich an diese Regeln, sind Harmonie und Eheglück fast garantiert. – *Welch ein Unsinn!*

Radikale Behavioristen wollen zwar von solchen nicht meßbaren Phänomenen wie »Liebe« nichts hören, aber die meisten von uns wissen doch um den himmelweiten Unterschied zwischen einem friedlich-freundlichen Zusammenleben und einer erfüllten, befriedigenden Ehe. Die Paartherapie verwandelte zum Beispiel die verletzende und zerstörerische Beziehung von Carol und Maurice nur in einen anstrengenden Waffenstillstand, der mit Verhandlungen über die trivialsten Dinge überfrachtet war. Sie waren und blieben einfach zu verschieden; gleiche Interessen und gemeinsame Vorhaben gab es fast gar nicht.

Eine Ehe erfordert Partnerschaft, Teamwork, gemeinsame Ziele und respektvollen Umgang miteinander, aber sie ist weit mehr als die Summe dieser Teile. Ohne Liebe, Zuneigung, Hingezogensein, Fürsorge für den andern und gegenseitiges Verstehen plus einem gewissen Konsens, was Geschmack und Interessen betrifft, bleibt die Ehe eine trockene, leb- und lieblose Angelegenheit.

Ich bat Maurice, mir mehr über seine zweite Ehe zu erzählen. Er hatte aus der Paartherapie vor allem gelernt, daß er sich eine

Frau suchen müsse, die seine Interessen teilt, seinen Geschmack und seine Vorlieben respektiert, und umgekehrt. Als ich fragte, ob er für diese Ehe nun auch »hart arbeiten« müsse und ob sie so in Ordnung gehalten werden müsse wie ein Garten, antwortete er: »Um Gottes willen, nein! Wir kommen einfach so zurecht.« Er fügte hinzu, daß der Grundtenor ihrer Beziehung, obwohl er und seine Frau natürlich auch zuweilen Differenzen hatten, mit denen sie jedoch vernünftig und kompromißbereit umgingen, die »Gemeinsamkeit« sei. Und dann überlegte er laut: »Vielleicht ist die Vorstellung, man müsse an der Ehe hart arbeiten, um glücklich zu werden, nur entstanden, weil die meisten Partner im Grunde nicht zueinander passen.«

7. Irrtum

In einer glücklichen Ehe schenkt man einander grenzenloses Vertrauen

Jedes Zuviel führt leicht zu Ungemach. Jeder, der zu groß, zu dünn, zu klug oder zu eifrig ist, weiß, daß er besser dran wäre, wenn er von dieser Eigenart etwas weniger hätte. Und wenn man etwa zu *vertrauensvoll* ist, dann kann es irgendwann ein böses Erwachen geben.

In meiner Collegezeit hatte ich einen Freund, Gary, der Medizin studierte und damals seit einem halben Jahr verheiratet war. Mir fiel auf, daß Garys Frau sehr viel mit einem anderen jungen Mann zusammen war, und ich sagte zu Gary, daß der ihn wohl provozieren wolle. »Aber woher«, protestierte er, »Mike und ich sind seit Jahren gute Freunde. Ich muß viel fürs Studium tun – ich kann ja von Susan nicht erwarten, daß sie zu Hause Däumchen dreht. Ich habe Mike gebeten, ein paarmal in der Woche abends etwas mit ihr zu unternehmen. So kommt sie mal ins Kino, geht zu Parties und so weiter, und ich kann ohne Schuldgefühle über den Büchern sitzen.« Ich betonte, daß Mike gut aussah, finanziell gut dastand (er war gerade in die Firma seines schwerreichen Vaters eingestiegen) und auch noch zu haben war. Gary blieb jedoch dabei, daß er Sue und Mike bedingungslos vertrauen könne. Kurze Zeit später eröffnete ihm Sue, daß sie und Mike sich verliebt hätten, und bat um die Scheidung.

Eine andere, persönlichere Anekdote zu diesem Thema stammt aus meinen eigenen ersten Ehejahren. Meine Frau und ich waren in ein neues Haus eingezogen. Als ich eines Abends von der Arbeit heimkam, saß im Wohnzimmer ein netter Herr mit meiner Frau bei einem Drink. »Das ist Charles«, sagte sie, »er wohnt vier Häuser weiter und ist herübergekommen, um uns als Nachbarn zu begrüßen.« Wie außerordentlich nett und aufmerksam! Ich unterhielt mich mit Charles eine Weile, bot ihm noch ein Bier an und dankte ihm, als er ging, für sein Bemühen um gute Nachbarschaft. Als ich am nächsten Abend heimkam, saß er wieder da, und ich hatte sofort den Eindruck, daß er die gute Nachbarschaft für andere Zwecke mißbrauchen wollte, was ich ihm unmißverständlich klarmachte. Es ist nebensächlich, ob sich zwischen ihm und meiner Frau etwas angebahnt hätte; wer nicht auf blindes Vertrauen baut, erstickt lieber jede Gefahr schon im Keim.

Shirley war seit fast zwölf Jahren mit Don verheiratet und hatte eigentlich keinen Grund, ihm nicht zu vertrauen bzw. ihn zu verdächtigen, daß er eine andere Frau habe. Aber plötzlich fielen ihr, scharfsinnig wie sie war, zwei vielsagende Anzeichen auf: Don, der sonst im Fernsehen höchstens die Wirtschaftsnachrichten und Football anschaute, begann eine Vorliebe für Schnulzenfilme zu entwickeln. Und obwohl er sich sonst sehr konservativ kleidete, kam er eines Tages mit drei ausländischen Krawatten heim. »Beides zusammen war mir ein Hinweis darauf, daß sich da eine Affäre anzubahnen begann. Ich mußte handeln, und zwar auf der Stelle, bevor es etwas Ernstes würde.« Shirleys Nachforschungen und Beobachtungen führten sie zu einer jungen Empfangsdame, die erst seit kurzem in Dons Firma tätig war. Shirley spielte mit dem Gedanken, diese Frau direkt anzusprechen, beschloß dann jedoch, die Sache erst mit Don zu besprechen. Es stellte sich heraus, daß die Affäre noch nicht über den ersten Flirt hinaus gediehen war.

Bedauerlicherweise verlor die junge Frau zwar ihren Job, aber die Tatsache, daß Shirley ihrem Mann nicht grenzenlos vertraut hatte, rettete wahrscheinlich ihre Ehe. Sie und Don kamen dann zu mir in die Beratung, um an der Verbesserung ihrer gemeinsamen Beziehung zu arbeiten.

Meine vierte Geschichte zu diesem Thema gibt die Unterhaltung im Herren-Umkleideraum eines Country Clubs wieder. Als ich aus der Sauna kam und unter die Dusche ging, diskutierten dort gerade drei Männer über ihre Ehefrauen und deren Treue oder Untreue. Einer meinte, er sei zwar seit fünfzehn Jahren verheiratet und habe nie Grund gehabt, an der Treue seiner Frau zu zweifeln, aber man könne halt nie hundertprozentig sicher sein. Der zweite stimmte ihm zu und meinte, er sei sich vielleicht zu neunzig Prozent sicher, daß seine Frau mit keinem anderen schlafe, es sei denn, unter extremen Bedingungen – wenn sie zum Beispiel drei Wochen lang mit Robert Redford in einer einsamen Skihütte eingeschneit wäre ... Der dritte Mann sagte, er sei sich hundertprozentig sicher, daß seine Frau unter keinen, auch nicht extremen Umständen außereheliche sexuelle Beziehungen eingehen würde. Zur Begründung nannte er ihre strenge religiöse Erziehung, daß sie prüde und sexuell uninteressiert sei, extrem gehemmt, scheu und viel zu ängstlich darauf bedacht, ihren guten Ruf zu wahren, um so etwas zu riskieren. Er fügte hinzu, die Chance, daß seine Frau einen Seitensprung wage, sei nicht einmal eins zu zehn Millionen. An dieser Stelle wurde mir plötzlich klar, daß dies der Mann einer meiner Patientinnen war. Seine Frau *hatte* eine außereheliche sexuelle Beziehung, und aus diesem Grund kam sie zur Psychotherapie.

In glücklichen Partnerschaften herrscht meist nicht das absolute Vertrauen, sondern es bleibt immer eine Spur von Unsicherheit. Wer sich der Treue, Loyalität und Zuneigung des Partners allzu sicher ist, betrachtet den anderen bald als Selbstverständlichkeit. Zuviel Sicherheit führt leicht zum allmählichen Verlust des Respekts vor dem Partner. Die Vorstellung, daß der andere ein im Grunde treues, aber nicht unfehlbares menschliches Wesen ist, das unter gewissen Umständen auch einer Versuchung erliegen kann, ist viel realistischer. Wer ohne eine gewisse Wachsamkeit lebt, wird unter Umständen üble Überraschungen erleben oder schlicht ausgebottet.

Der »Marktwert«, den man dem Ehepartner zuschreibt, ist ein anderer wichtiger Faktor. Wenn Sie Ihren Partner zu häuslich und zurückgezogen finden und meinen, er/sie könne kaum für jemand anderes attraktiv sein, dann sind Ihr grenzenloses Vertrauen und Ihr Sicherheitsgefühl nicht von Respekt, Zuneigung und Zufriedenheit getragen. Wenn Sie umgekehrt Ihrem Partner zutrauen, auch auf andere Vertreter Ihres Geschlechts anziehend zu wirken, und wenn Sie es für möglich halten, daß er/sie darauf eingeht, wenn er/sie sich in der ehelichen Beziehung unverstanden und zurückgewiesen fühlt, dann werden Sie wahrscheinlich wesentlich aufmerksamer sein und Ihre Zuneigung und Fürsorglichkeit deutlicher zeigen.

Das »Quentchen Unsicherheit« hält die Ehe lebendig und sorgt dafür, daß sie für beide bedeutungsvoll und anregend bleibt. Es verhindert, daß man den anderen als Selbstverständlichkeit betrachtet, daß man nachlässig, fett und respektlos wird oder gar die Arbeit wichtiger nimmt als nötig. Und vor allem: Es nährt und erhält die Liebe und emotionale Hinwendung zueinander, die eine Ehe schließlich erhaltenswert machen.

8. Irrtum

Ich muß meinen Partner glücklich machen

Dies ist einer der unseligsten Irrtümer, und viele Menschen fallen auf ihn herein; sie fühlen sich verantwortlich für die Befindlichkeit des anderen. »Es liegt an mir, daß Herman unglücklich ist. Ich schaffe es einfach nicht, ihm die Frau zu sein, die er braucht.« – »Ich würde alles tun, um Martha glücklich zu machen, aber was ich auch versuche, es bewirkt genau das Gegenteil.«

Den anderen glücklich zu machen ist eine der merkwürdigsten Fronarbeiten, die die Menschen sich und anderen auferlegen. Eltern fühlen sich schuldig, wenn ihre Kinder nicht glücklich sind, und Kinder glauben, versagt zu haben, wenn sie es nicht schaffen, ihre Eltern stolz und glücklich zu machen. Das »Glücklichsein« ist zu einem Maßstab geworden, an dem heutzutage oft der Wert eines Menschen gemessen wird. Dabei wird bei näherem Hinsehen als erstes Problem deutlich, wie außerordentlich vage dieser Begriff ist. Manchmal drückt er nur aus, daß man weder Schmerzen, Angst, Depressionen noch sonstige negative seelische oder körperliche Empfindungen hat. Wonach man streben soll, ist damit nicht gesagt, nur was es zu vermeiden gilt.

Der entscheidende Pferdefuß solcher Vorstellungen vom Glücklichsein ist die Tatsache, daß emotionaler Aufruhr, Enttäuschungen und Frustrationen nun einmal unabdingbar zum Leben gehören, und der Versuch, dem Unvermeidlichen auszuweichen, führt nur zu noch heftigeren Frustrationen, zu Selbstbeschuldigungen und größerem Unglück. Wer diesem Irrglauben anhängt, wird schließlich sagen: »Daß ich manchmal deprimiert, verärgert oder sonst aus dem Gleichgewicht bin, kann nur an dir liegen und daran, daß du deinen Pflichten als Partner nicht genügst. Wenn du ein(e) gute(r) Ehemann/-frau wärst, dann wäre ich ja glücklich.«

Wenn Glück definiert wird als ein Zustand der Zufriedenheit, Erfüllung und Vollendung, dann fragt sich natürlich jeder gleich: »Bin ich wirklich glücklich? Sind andere Leute vielleicht glücklicher als ich? Und was ist nicht in Ordnung, wenn ich nicht vollständig glücklich bin?« Jeder, der sich überwiegend darauf konzentriert, glücklich zu werden, wird sich damit in der Regel immer noch unglücklicher machen. In Wirklichkeit ist Glück gar nicht zu erreichen, wenn man es direkt und bewußt anstrebt. *Glück ist immer nur Nebenprodukt anderer Aktivitäten.* Dem Glück an sich hinterherzulaufen führt nur zu Frustration, wenn nicht sogar ins Unglück. Glückliche Menschen haben es nämlich aufgegeben, sich selbst im Mittelpunkt zu sehen oder einen anderen glücklich machen zu wollen. Statt dessen fühlen sie sich für ihre eigenen Gefühle selbst verantwortlich und haben sich Aufgaben gesucht, die ihnen Freude und Befriedigung bringen.

Ein Sprichwort sagt, daß Glücklichsein nicht bedeutet, das zu tun, was man mag, sondern das zu mögen, was man tut. Der große Staatsmann Disraeli stellte fest, daß »Handeln nicht immer glücklich macht, aber ohne Handeln kann man nicht glücklich werden.« Glück ist für gewöhnlich ein vorübergehender und nicht etwa ein andauernder Zustand, den wir irgendwann endgültig erreichen. Benjamin Franklin betonte, daß »das menschliche Glück nicht so sehr durch große, seltene Glücksfälle zustande kommt, sondern durch viele kleine Erfolgserlebnisse im gewöhnlichen Alltagsleben«. Und Abraham Lincoln stellte fest, daß die meisten Menschen »gerade so glücklich sind, wie sie sein wollen«. All diese Erkenntnisse lassen sich auch auf die Ehe übertragen: Es ist nicht die Aufgabe des einen Partners, den anderen glücklich zu machen. Jeder ist für sein Glücklich- oder Unglücklichsein selbst verantwortlich.

Natürlich kann uns das Handeln des anderen große Probleme bereiten. Es ist leichter, mit jemandem glücklich zu werden, der sich liebevoll, warmherzig und fürsorglich verhält, als mit jemandem, der aggressiv, mißtrauisch und kritiksüchtig ist. Aber es ist, psychologisch gesehen, ungenau zu sagen: »Mein Partner macht mich mit seiner verletzenden Kritik unglücklich.« Seit Tausenden von Jahren lehren uns die Philosophen, daß *nicht die Ereignisse auf uns einwirken oder uns unglücklich machen, sondern unsere Interpretation dieser Ereignisse.* Insofern wäre es also korrekter zu sagen: »*Ich mache mich* unglücklich darüber, daß mein Mann mich in Gegenwart anderer herabsetzt.« Wir selbst machen uns unglücklich wegen des Handelns anderer; das Unglück stammt nicht an sich aus deren Handlungen.

Mit Sicherheit bekomme ich Probleme, wenn ich nach jemandem Ausschau halte, »der mich glücklich macht«. Wie gesagt, »vorausgeplantes Glück« endet meist mit unerwarteten Verdrießlichkeiten. Wenn aber jemand auch noch der Meinung ist, ihn müsse ein anderer glücklich machen, dann wird er sich zurücklehnen, abwarten und erwarten, daß ihm eines Tages das Glück in großen Portionen aufgetischt wird wie eine Apfeltorte mit Sahne. Diese Erwartungshaltung, ein anderer Mensch möge einem das Lebensglück bescheren, bewirkt Passivität oder sogar Lethargie – bekanntermaßen zwei Faktoren, die zur Entstehung von Depressionen beitragen.

Eine weitere bestürzende Tatsache ist die, daß manche Menschen anscheinend unfähig sind, überhaupt Freude oder Glücksgefühle zu empfinden. Der Fachausdruck hierfür lautet Anhedonie, was bedeutet, daß jemand keinerlei Freude oder Vergnügen finden kann an Erlebnissen, die den meisten Menschen Freude bereiten. Dazu fällt mir die Geschichte von Lionel und Jean ein:

Seit fünfzehn Jahren hatte Jean sich abgemüht, ihren Liebsten Lionel glücklich zu machen. Sie versuchte, jedweder seiner Launen nachzukommen, aber Lionel war und blieb unzufrieden. Zu mir sagte er: »Ich wünschte, Jean wäre irgendwie anregender, stimulierender – daß es einfach angenehmer wäre, sie um mich zu haben.« Ich fragte ihn daraufhin, wie stimulierend, anregend und angenehm es denn sei, *ihn* um sich zu haben. »Das tut nichts zur Sache«, sagte er, »sie ist einfach zu anspruchslos. Ihr reicht es, zu Hause zu sitzen, zu lesen und fernzusehen. Ich jedoch brauche Anregung und Abwechslung.« In Wirklichkeit war er ein chronischer Nörgler. Er hatte an allem und jedem (nicht zuletzt auch an sich selbst) etwas auszusetzen, nichts war ihm recht. Trotzdem fühlte Jean sich schuldig und glaubte, wenn sie eine bessere Ehefrau wäre, wäre ihr Lionel glücklicher. Es dauerte Jahre, bis Jean begriffen hatte, daß es unmöglich ist, jemanden glücklich zu *machen,* am allerwenigsten Lionel, und daß sie sich und ihrem Mann einen großen Gefallen täte, wenn sie sich endlich um ihr eigenes Wohlergehen kümmern und Lionel dasselbe zugestehen würde. Als Jean sich endlich nicht mehr für Lionels Glück verantwortlich fühlte, wurde sie gelassener, war weniger ängstlich und richtete ihre Aktivitäten stärker nach außen. Und als Lionel merkte, daß Jean sich nicht mehr für alles verantwortlich machen ließ, was ihm nicht paßte, begann auch er, seine Zeit produktiver zu nutzen. Er nahm Ski-, Tennis- und Segelunterricht, trat einem Buchklub bei und schrieb sich für einen Kurs über englische Literatur ein.

Wer sich für sein Wohlergehen und Lebensglück selbst verantwortlich fühlt, wird eher als andere vom Leben im allgemeinen und von der Ehe im besonderen Glück und Zufriedenheit erwarten können. Und wenn Ihnen jemand Steine in den Weg legt und Ihnen das Leben schwer macht, sollten Sie konstruktiv handeln und Ihren Anspruch geltend machen. Es ist nicht die Aufgabe Ihres Partners (oder eines anderen Menschen), Sie glücklich zu machen, aber ebensowenig sollten Sie es zulassen, daß jemand Ihre Möglichkeiten, das Leben angenehm, heiter und lebenswert zu gestalten, beschneidet.

9. Irrtum

Erst zusammen, kann man sich richtig gehenlassen

Bert erklärte sich schließlich – wenn auch widerstrebend – doch bereit, in meine Praxis zu kommen. Valerie, seine zweite Frau und seit acht Jahren mit ihm verheiratet, war bereits dreimal bei mir gewesen, um über ihre Depressionen, ihre Probleme am Arbeitsplatz und vor allem über die Mißhandlungen durch ihren Mann zu sprechen. Ich hatte sie aufgefordert, Bert mitzubringen, um auch seine Sicht der Dinge kennenzulernen.

Nachdem er betont hatte, daß er »ganz normal« sei und nur gekommen war, um Valerie bei *ihren* Problemen zu helfen, forderte er mich auf, »loszuschießen«, er würde alle Fragen beantworten. Ich präsentierte ihm einige von Valeries Klagen: Ob es stimme, daß er sie oft anschreie und bei einem Wutanfall ein Loch in die Wand geschlagen, den Fernseher aus dem Fenster geworfen und Valerie einen Schlag in die Magengegend versetzt habe? Und hatte er wirklich eine Tasse mit heißem Kaffee nach seinem vierzehnjährigen Stiefsohn geworfen (glücklicherweise hatte er ihn verfehlt, dafür war jedoch die neue Küchentapete hin)? Bert nickte zustimmend, zuckte mit den Achseln und meinte: »Doktor, Sie wissen ja, wie das ist. Wenn ein Mann sich nicht mal daheim gehenlassen und richtig Dampf ablassen kann, dann handelt er sich ein Magengeschwür ein oder bekommt früher oder später eine Herzattacke.«

Damit brachte Bert zum Ausdruck, was viele Menschen glauben: zu Hause brauche man sich kein bißchen zusammenzunehmen. Der Arbeitsplatz eignet sich ja in den seltensten Fällen zur Selbstverwirklichung. Im Beruf halten es die meisten Leute für angebracht, sich möglichst gut zu benehmen, taktvoll und diplomatisch zu sein, Emotionen zu unterdrücken und lieber zweimal zu überlegen, bevor sie reagieren. Logischerweise bleibt dann nur noch das Zuhause für die Spontaneität; es ist der einzige Ort, wo man den sonst übermäßig gezügelten Emotionen freien Lauf lassen kann. Aber dieses Denken ist falsch und führt oft zu Verhaltensweisen, deren Konsequenzen unter Umständen verheerend sind.

Ich will keineswegs einer zurückhaltend-gehemmten, äußerst höflich-freundlichen Eheatmosphäre das Wort reden. Spontaneität und das gemeinsame Erleben intensiver Gefühle, dazu Offenheit und Ungezwungenheit gehören zu den wichtigsten Elementen einer befriedigenden Partnerschaft. Aber auch ein gewisser Sinn für Anstand und guten Geschmack gehört dazu. Der Freiraum in der Liebe ist kein Freibrief für emotionale Bomben auf die Würde und Selbstachtung des Partners.

Stellas Zorn konnte sich innerhalb von Sekunden zu frenetischen Ausmaßen steigern – es spielte kaum eine Rolle, wo sie war, wer dabei war und was gerade um sie herum passierte. Wenn etwas sie ärgerte, ließ sie ihre schrille Falsettstimme durchdringend erschallen, wurde vor Wut puterrot und begann, am ganzen Körper zu zittern. Ihre Beschimpfungen waren demütigend und verletzender als Messerstiche. Stellas erste Ehe war nach zwei Monaten annulliert worden – ihr Ehemann war einfach gegangen und nie mehr zurückgekommen. Henry, ihr zweiter Mann (sie waren fast ein Jahr verheiratet, als er zur Beratung kam), hatte angenommen, durch die Heirat würden ihre Wutausbrüche weniger und schwächer werden. »Ich hatte gedacht, es sei so schlimm, weil ihre Ehe in die Brüche gegangen war und sie dann zu ihren Eltern zurück mußte. Sie war so verunsichert und reizbar. Ich hatte die Vorstellung, sie würde nach unserer Heirat und im eigenen Heim innerlich ruhiger und ausgeglichener werden.« Nichts von alledem. Ihre ungezügelten Attacken, deren Hauptziel Henry war, waren sogar noch heftiger geworden.

Da Henry sich nicht traute, sie zu einem gemeinsamen Termin bei mir zu bitten, formulierten wir zusammen einen Brief, woraufhin sie auch kam. Sie behauptete, Henry übertreibe alles maßlos, er komme aus einer so verklemmten Familie, daß er jeden Ausdruck echter Emotionen als persönlichen Angriff interpretiere. Ich hielt mit beiden mehrere Sitzungen ab, wobei sich als Hauptdiskussionspunkt Stellas Wunsch nach einem Kind herauskristallisierte. Henry sagte: »Ich weigere mich, ein Kind in die Welt zu setzen, das solchen Angriffen ausgesetzt ist.« Stella explodierte! Obwohl ihre Tirade gänzlich unkontrolliert ablief – sie war offensichtlich völlig außer sich –, waren ihre Worte sorgfältig gewählt und trafen Henry genau da, wo er am verletzlichsten war. Nachdem sie sich beruhigt hatte, bemühte ich mich, Möglichkeiten für konstruktive Alternativen zu finden. Ich stieß auf taube Ohren. Stella beschuldigte mich vielmehr, genauso verklemmt zu sein wie Henry, und behauptete, ihre Art, Ärger auszudrücken, sei einfach nur eine »ehrliche und spontane« Reaktion. Weil ihr Ausbruch im Vergleich zum Anlaß so unverhältnismäßig wirkte, kam mir der Gedanke, es könnte eventuell eine hormonelle oder neurologische Störung vorliegen. Ich schlug ihr auf taktvolle Weise vor, doch einen Arzt aufzusuchen um darüber Klarheit zu erhalten; sie lehnte das ab. Die Ehe dauerte nur noch ein paar Monate; dann reichte Henry die Scheidung ein – wegen seelischer Grausamkeit.

In einigen lateinamerikanischen und südeuropäischen Ländern sind kurze, heftige Gefühlsausbrüche durchaus normal. Schreien, Kreischen und andere Äußerungen von erheblicher Lautstärke wirken dort anders als in unserer Gesellschaft. Dort hört man einfach darüber hinweg, während solche Ausbrüche in unseren Breiten als persönlicher Angriff erlebt werden, den man nicht so schnell vergißt.

Die Frau eines prominenten Chirurgen nahm einen ihrer häuslichen Kräche auf Tonband auf und brachte das Band zur Therapie mit. Ich hörte von ihrem Mann folgende Rede: »Du bist ein Dummkopf und hast keine Ahnung. Du stammst ja nur aus einer ungebildeten Bauernfamilie, und im Grunde gehörst du in die Gosse. Du bist ja nicht nur dumm, sondern auch schädlich. Als Mutter bist du eine komplette Versagerin, niemals hättest du Kinder bekommen sollen. Vielleicht merkst du es gar nicht: Jeder, der mit dir zu tun hat, hat nach kurzer Zeit nur noch Verachtung für dich übrig. Ich wünschte, ich könnte irgendeinen positiven Charakterzug an dir finden, aber es gibt keinen. Du bist eine verbrauchte, langweilige, schlampige kleine Hure, und ich wünschte, du tätest mir und der ganzen Welt den Gefallen, einfach tot umzufallen!«

Was hatte diesen unmäßigen Ausbruch ausgelöst? Sie hatte seine Urteilsfähigkeit in Frage gestellt. Einzelheiten dazu sind hier unwichtig; sie hatte anzudeuten gewagt, daß er gegenüber einem ihrer Verwandten nicht taktvoll und diskret genug gewesen war. Wie immer, war er dann wenige Stunden später zutiefst zeknirscht und reuevoll, bat sie flehentlich um Verzeihung und sagte, er habe nicht ein einziges Wort von dem, was er gesagt hatte, so gemeint.

Ich habe in meiner Praxis derart destruktive Kämpfe zwischen Eheleuten erlebt (die sich sonst, anderen gegenüber, außerordentlich kooperativ verhalten können), daß die explosivsten Szenen aus »Wer hat Angst vor Virginia Woolf?« daneben verblassen würden. Die meisten hätten sich nie erlaubt, gegenüber Freunden, Kollegen oder anderen Familienangehörigen (mit Ausnahme der Kinder) so aufzutreten. Ist es nicht merkwürdig, daß man völlig unbekannte Leute freundlich und höflich behandelt, während man die Menschen, die einem am nächsten stehen, mit Füßen tritt? Ich rate den Paaren immer: »Behandeln Sie Ihren Partner mit mindestens soviel Respekt wie einen Menschen, der Ihnen völlig unbekannt ist.«

Ein großer Prozentsatz an Scheidungen und unglücklichen Ehen ist auf solche Aggressionen zurückzuführen, die am falschen Ort ausgelebt werden. Anstatt die Ursachen ihrer Frustration anzugehen, stauen viele Menschen ihren unausgesprochenen Ärger auf und gehen dann nach Hause, wo sie dem Hund einen Tritt versetzen, die Kinder schlagen und ihre Frau mißhandeln. Und die meisten finden das auch noch ganz in Ordnung und sehen keinen Grund, sich deshalb zu schämen. Schließlich haben sie sich nur spontan verhalten, waren endlich einmal ganz sie selbst und haben doch nur ein bißchen Dampf abgelassen.

Angriffe provozieren Gegenangriffe. Menschen, die sich auf die eben beschriebene Art verhalten, bekommen meist in irgendeiner Form zurück, was sie ausgeteilt haben. Die häufigste Form der Vergeltung ist ein »passiv-aggressives« Verhalten, wobei der verletzte Partner eine offene Auseinandersetzung vermeidet. Er wird, statt sich dem Angreifer frontal zu stellen, sozusagen in den Untergrund gehen und zum Saboteur werden.

Nora zum Beispiel war sehr zornig, wenn Marv ausfallend geworden war oder sie ungerechtfertigterweise kritisiert hatte, aber sie widersprach ihm nie direkt. Nach einem seiner üblichen Ausbrüche ließ sie »versehentlich« sein Abendessen anbrennen, »verlor« sein Feuerzeug, an dem er sehr hing, »vergaß«, seine Hemden von der Wäscherei zu holen, oder zahlte es ihm auf irgendeine andere indirekte Art und Weise heim. Meist bekommt man doch die Rechnung für sein aggressives Verhalten präsentiert.

Ein weiterer Mythos, der mit dem eben Ausgeführten eng zusammenhängt, besagt: *Eine gute Ehe bedeutet bedingungslose gegenseitige Wertschätzung*. Oft genug kann man die alte Litanei hören, jemand wolle um seiner selbst willen geliebt werden. Diese Leute verlangen ein unrealitisches Maß an Zuneigung und Hingabe, so, als seien sie absolut unwiderstehlich – selbst wenn sie sich ausgesprochen widerwärtig benehmen. *Wahre* Liebe, so hätten es manche Leute gern, ist unabhängig davon, ob jemand humorvoll, charmant, fürsorglich oder aufmerksam ist. Diese Leute wollen auch noch dann geliebt werden, wenn ihnen derlei angenehme Eigenschaften unübersehbar fehlen und sie dem anderen nichts als Kummer und Verdruß bereiten. Erst das ist in den Augen dieser verblendeten Geister der Beweis dafür, daß sie wirklich »um ihrer selbst willen« geliebt werden.

Jene, die derlei unselige Ideen unterstützen und verbreiten (und sie sind bei weitem nicht so selten, wie man glauben sollte), strapazieren den Partner buchstäblich bis zum Äußersten. Sie testen die Grenzen aus, weil sie hoffen, auf diese Weise die unbegrenzte Glückseligkeit zu erreichen. Und niemals finden sie, was sie suchen, denn Liebe und Wertschätzung beruhen auf Gegenseitigkeit und sind vom eigenen Verhalten abhängig.

Intime Beziehungen erfordern dieselbe Höflichkeit, denselben Anstand und Respekt, den wir jedem Unbekannten zu zollen bereit sind. Freundlichkeit, Takt, Humor und ein angenehmes Verhalten insgesamt tragen dazu bei, auch in der Familie eine entspannte, liebevolle Atmosphäre zu schaffen. Und noch etwas: Diese Faktoren bestimmen wir selbst. Wir entscheiden, ob wir freundlich oder unwirsch, gelassen oder jähzornig sind. Wer den Weg des Zorns geht, zahlt fast immer einen sehr hohen Preis.

Und noch ein weitverbreiteter Irrtum gehört hierher: *Wahre Liebe heißt, daß man niemals um Entschuldigung zu bitten braucht*. Die Realität zeigt: Wenn Mann und Frau in einer Partnerschaft nicht bereit sind, Fehler zuzugeben und sich für Irrtümer oder Unbedachtheiten zu entschuldigen, dann wird die Beziehung bald von Verstimmungen, Spannungen und sogar Haß geprägt sein. Wenn Sie etwas getan haben, das Ihnen hinterher leid tut – um Himmels willen, dann *sagen* Sie das auch!

10. Irrtum

Der gute Mann repariert alles, die gute Frau kocht, putzt und wäscht

Bei diesem Irrtum spielt die Do-it-yourself-Einstellung und der Wunsch, alles allein zu schaffen, eine große Rolle. Ebenso gehört das zäh sich haltende Vorurteil, daß es spezifisch männliche und spezifisch weibliche Arbeiten im Haus gebe, dazu. Viele meinen, daß ein Partner, der sich weigert, die vorgeschriebene Rolle »richtig« auszufüllen, seine ehelichen Pflichten verletzt.

Heutzutage wird ja viel über die Gleichberechtigung, den Abbau der rigiden Geschlechtsrollen-Stereotypen und die Wichtigkeit der Individualität geredet. Trotzdem: gäbe es in jedem Haushalt eine versteckte Kamera, würden wir viele Männer Hammer und Säge schwingen oder an der Hobelbank stehen, mit Schraubenziehern und Stemmeisen umgehen sehen, aber nur wenige Frauen. Umgekehrt machen viele dieser werkzeugschwingenden Herrn der Schöpfung, wenn sie gebeten werden, die Waschmaschine zu füllen und anzustellen, ein Gesicht, als könnte das Teufelsding bei der geringsten Berührung explodieren.

Selbst wenn diese Darstellung übertrieben sein sollte: Einige der folgenden Fallgeschichten zeigen, wie oft Probleme daher rühren, daß die Vorstellungen darüber, was ihre und was seine Aufgaben sind, allzu starr sind.

Fangen wir bei Matthew an, einem 35jährigen Anwalt, einem Macho-Typ, sehr erfolgreich, ziemlich halsstarrig und sehr oberflächlich. Vor dem Jurastudium hatte er eine Ausbildung als Maschinenbauingenieur abgeschlossen. Er war überaus geschickt und konnte ein Auto in alle Einzelteile zerlegen und es wieder zusammenbauen. Von jeglicher Bescheidenheit unbehelligt, verkündete er stets, er könne alles und jedes wieder in Gang bringen. Ständig lamentierte er über die Unfähigkeit von Zimmerleuten, Elektrikern, Installateuren und Automechanikern. »Wenn man etwas anständig gemacht haben will, muß man es selbst machen!« Schwierig, es diesem Mann recht zu machen; er war so überkritisch und starrsinnig, daß Janet, seine dreißigjährige Frau, gedroht hatte, ihn zu verlassen, wenn er nicht einer Paartherapie zustimmte. (Auf diese Weise bekam ich dann mit den beiden zu tun.)

Matthew und Janet lebten in einem Haus, das beide als »großartig« bezeichneten. Aller teuren Einrichtung und Ausstattung zum Trotz stand in der Mitte des weitläufigen Wohnzimmers auf dem wertvollen Perserteppich ein Eimer: die Zimmerdecke hatte ein großes Loch, verursacht durch eine schadhafte Stelle im Dach und mehrere starke Regenfälle. Der Eimer stand da seit etwa drei Monaten. Handwerker damit zu beauftragen, die schadhaften Dachziegel auszuwechseln und das Loch in der Zimmerdecke zu reparieren, kam nicht in Frage – Matthew bestand darauf, es selbst zu tun. Die Obstbäume und Hecken im Garten hätten längst beschnitten werden müssen. Einen Gärtner bestellen? Niemals! Matthew würde es selbst machen. Doch seine Anwaltspraxis florierte, und all seine Freizeit brauchte er, um einen Oldtimer zu restaurieren, den er dann mit hohem Profit zu verkaufen gedachte.

»Und die ganze Zeit«, erklärte Janet, »habe ich tagtäglich das Loch in der Decke vor Augen. Im Garten sprießt das Unkraut, die Hecken sind ungepflegt, und bei jedem Blick aus dem Fenster sehe ich die dürren Zweige in den Bäumen. Und immer, wenn ich aus der Garage fahre oder heimkomme, fällt mir auf, wie die Farbe an der Hauswand abblättert.«

»Wie wäre es«, schlug ich vor, »wenn Sie Matthew einen Monat Zeit geben würden, alle Arbeiten auszuführen, die anstehen. Und was dann noch nicht gemacht ist, können Sie, Janet, durch jeden beliebigen Handwerker erledigen lassen. Ist das fair, Matthew?« Er versuchte noch, sechs Wochen herauszuschlagen, aber Janet meinte, ein Monat sei schon mehr als großzügig; Matthew erklärte sich mißmutig einverstanden. Mit der Maschine schrieb ich dann das, was wir Psychologen einen Kontingenzvertrag nennen, und Matthew mußte unterschreiben: »Hiermit erkläre ich, daß Janet meine uneingeschränkte Erlaubnis hat, die notwendigen Handwerker zu beauftragen, wenn nicht innerhalb eines Monats die Decke im Wohnzimmer repariert, das Haus neu gestrichen und die Bäume, Büsche und Hecken gestutzt sind. Ich werde dann keinerlei Einwände machen und alle Rechnungen voll begleichen.« Matthew las sich das Ganze mit der Skepsis des Rechtsanwalts durch, zog eine Grimasse und unterschrieb mit Datum.

Matthew konnte seine vertraglich festgelegten Pflichten einhalten – bis auf den Garten. Verabredungsgemäß beauftragte Janet also eine Gärtnerei, die ein paar Männer schickte – und innerhalb eines Tages war alles geschnitten und in Ordnung gebracht. Natürlich hatte das keinen Einfluß auf Matthews Hang, alle »Männerarbeit« selbst machen zu wollen, aber neuerdings schrieb Janet nun selbst Verträge, die Matthew zu unterzeichnen und einzuhalten hatte.

Bei Keith und Avril war die Situation ganz anders. Keith war an seinem Arbeitsplatz für über fünfzig Mitarbeiter verantwortlich und hatte viel zu tun. Am Wochenende wollte er nichts als ausruhen, sich entspannen und mit Avril und dem vierjährigen Sohn zusammensein. Avril hatte an der Junior High School Englisch und Mathematik unterrichtet, nach der Geburt ihres Sohnes jedoch beschlossen, ganz Hausfrau und Mutter zu sein. Und ihrer Auffassung nach saß ein guter Ehemann am Wochenende nicht einfach herum, um nur auszuruhen und fernzusehen. Schließlich gab es im und am Haus eine Menge zu tun! Eine gute Ehefrau, meinte sie, hält ihren Mann dazu an, alles Notwendige selbst zu erledigen. Es kam nicht selten vor, daß Keith nach Hause kam und alsbald eine Liste mit etwa vierzig Punkten präsentiert bekam, die bis Montag morgen alle zu erledigen waren!

Anders als Matthew war Keith keineswegs dagegen, jemanden zu bezahlen, der diese Dinge erledigt. »Ich kann es mir ohne weiteres leisten, und auch wenn es einiges kostet, das wäre mir die Sache wert. Ich habe während der Woche genug zu tun, da brauche ich am Wochenende einfach meine Ruhe und Entspannung.« Avril widersprach mit Nachdruck und bestand darauf, daß »ein Mann zeigen muß, daß er stolz auf sein Haus ist und daß ihm etwas daran liegt. Wie soll es ihm denn etwas bedeuten, wenn er nicht selbst die notwendigen Arbeiten erledigt?« Und sie fügte hinzu: »Mein Papa hat immer gesagt, man solle nichts, was man selber machen könne, anderen Leuten überlassen. Die Männerarbeit, die zu Hause anfällt, muß Keith erledigen. Ums Kochen oder die Wäsche braucht er sich ja nicht zu kümmern.«

Ich versuchte, allerdings ohne Erfolg, sie zu überreden, ihre rigiden Vorstellungen zu modifizieren.

Dann konzentrierte sich die Diskussion auf den Rasen hinterm Haus; Keith mußte ihn jeden Sonntagmorgen mähen. Wenn er damit fertig war, wußte Avril jedesmal etwas daran auszusetzen. Der Rand war nicht gerade genug, in der Mitte war ein Zickzack-Muster zu erkennen, oder sonst etwas fiel ihr ein. Ich stellte die naheliegende Frage: »Avril, warum mähen Sie den Rasen nicht selbst?« Mich traf ein vernichtender Blick, und dann erklärte sie kategorisch: »Weil das nicht mein Job ist.«

Traurig, aber wahr: mit diesem Paar hatte ich keinen Erfolg. Ich nehme an, sie streiten sich noch heute, was wessen Job ist.

Ein männliches Hoheitsrecht ersten Ranges scheint das Hinaustragen des Mülleimers zu sein. Ich erinnere mich an ein Paar, bei dem diese einfache Tätigkeit zum Dreh- und Angelpunkt eines furiosen Machtkampfes wurde. Corinne war fest davon überzeugt, daß dies ihr Mann tun müsse, »um seinen Teil im Haushalt zu tun«. Tim war nicht direkt dagegen, bestand jedoch darauf, es dann zu tun, wann *er* es wollte. Corinne, eine sehr anspruchsvolle Frau, meinte, der Abfall müsse zur Mülltonne hinausgebracht werden, sobald der Kücheneimer voll sei. Bezeichnenderweise trug sie den Müll selbst bis zur Haustür, weigerte sich aber, die letzten zehn Schritte bis zur Mülltonne vor dem Haus zu gehen. Wenn Tim und Corinne mal wieder stritten, blieb der Müll manchmal drei Tage und länger im Flur liegen und stapelte sich vor der Haustür.

Ein anderes Paar machte sich das Leben wegen einer tragbaren Klimaanlage, die am Fenster zu installieren war, schwer: Das Schlafzimmer lag nach Westen und wurde im Sommer nachgerade zur Sauna. Elsie bat ihren Charles Tag um Tag, Woche um Woche, die Klimaanlage vom Dachboden zu holen (dort war sie den Winter über aufbewahrt worden) und sie im Schlafzimmer anzubringen. Die Zeit verging, die beiden schwitzten und schwitzten. Charles hatte einfach keine Zeit, die Klimaanlage einzubauen, wollte aber auch niemanden beauftragen, es für ihn zu tun. Warum auch jemand Fremden für etwas bezahlen, was man genauso gut selbst tun kann?

Natürlich waren die Probleme bei all diesen Paaren komplexer, doch ist dies nicht der Ort, ihre verborgenen Schwierigkeiten und die zugrundeliegende Dynamik aufzudecken. Ich will damit nur sagen: Wenn ich mich bereit erkläre, die Fenster zu putzen, und es dann nur halb oder gar nicht zuwege bringe, gebe ich damit Anlaß zu berechtigter Kritik. Wenn ich aber von Anfang an klarstelle, daß ich keine Fenster putze, und mein Partner dies akzeptiert und unter diesen Bedingungen eine Beziehung mit mir eingehen will, dann kann mir keiner etwas vorwerfen, selbst wenn der Dreck auf den Fenstern kaum noch Tageslicht durchdringen läßt.

Und ich selbst? Nun, ich habe von Anfang an deutlich klargestellt, daß ich kein Installateur, Zimmermann oder Elektriker bin und auch kein Maurer, Mechaniker oder Gärtner. Es soll aber schon vorgekommen sein, daß ich eigenhändig eine Glühbirne ausgewechselt habe – und manchmal trage ich auch den Mülleimer hinaus.

11. Irrtum

Alles ist gerettet, wenn wir ein Kind bekommen

Kinder bereichern und festigen im allgemeinen eine gute Ehe. In einer unglücklichen Ehe führt die zusätzliche Belastung in der Regel dazu, daß sich die Konflikte verschärfen.

Die meisten Leute stimmen mir sicher zu, daß es nicht einfach ist, gute Eltern zu sein. Die Verantwortung, die man dabei zu tragen hat, ist enorm. Die Ankunft eines Kindes kann selbst bei Paaren, die vorher durchaus harmonisch zusammengelebt haben, versteckte Konflikte und tiefe Differenzen zutage fördern. Wenn die eheliche Harmonie erhalten bleiben soll, müssen sich Mann und Frau in Fragen der Ernährung und Disziplin, Ausbildung, Wohnen, Haushaltsführung und ähnlichen Familienangelegenheiten einig sein.

Bei Paaren, die sich streiten oder unglücklich miteinander sind, geht es häufig um den Konflikt zwischen den persönlichen Interessen der Partner und dem Wohl der Familie. Oft genug habe ich zum Beispiel Väter erlebt, die sich keinesfalls ein teures Auto versagen wollten, aber nicht für eine angemessene Bekleidung ihrer Familie aufzukommen bereit waren. In unserer Gesellschaft gilt die Devise: »Erfülle dir deine individuellen Bedürfnisse! Lebe dein Leben!« Aber diese Vorstellungen widersprechen oft genug dem Prinzip, die Familie über alles andere zu stellen und persönliche Interessen erst dann zu verfolgen, wenn den familiären Belangen Genüge getan ist.

Soziologen haben bei der Untersuchung solcher Probleme festgestellt, daß die Mehrzahl der Familien mehr schlecht als recht miteinander auskommt. Die meisten Menschen scheinen davon auszugehen, daß Spannungen, Streit und Unzufriedenheit sowohl normal als auch unvermeidlich sind. Manche erklären sogar allen

Ernstes, daß eine Familie, bei der es keine Kräche, Streits oder gar handgreifliche Auseinandersetzungen gibt, gravierend gestört sein müsse. Eine Familie, die zwar »funktioniert«, aber wenig harmonisch ist, wird als der normale Regelfall betrachtet – wie traurig!

Gelegentliche kurze und unbedeutende Auseinandersetzungen sind »normal« und kein Grund zur Besorgnis. Gerade in der Zeit nach der Hochzeit sind Zusammenstöße nicht ungewöhnlich, denn wenn zwei Individuen aus ganz verschiedenen Herkunftsfamilien lernen müssen, in Harmonie miteinander zu leben, erfordert dies einiges an Anpassung und Einigung. Aber die ersten Risse in einer Beziehung können sich zu bleibenden Bruchstellen auswachsen, wenn die Situation nach einer Auseinandersetzung nicht bereinigt wird (unter Umständen auch durch professionelle Beratung).

Kann man wirklich damit rechnen, daß sich die Spannungen zwischen zwei Partnern durch die Geburt oder Adoption eines Kindes verfüchtigen? Es mag sein, daß das Kind die Eltern vorübergehend von ihren Beziehungsproblemen ablenkt. Aber früher oder später werden die Spannungen wieder auftauchen und zur Last der Versorgung des gänzlich abhängigen kleinen Wesens hinzukommen.

Celia und Frank sind hierfür ein Beispiel. Ihre Beziehung war, wie man so sagt, von Anfang an stürmisch. Trotz regelmäßiger hitziger Gefechte beschlossen sie zu heiraten. Warum? »Obwohl wir im Streit wie Hund und Katze waren, liebten wir uns, und wir dachten, es würde sich bessern, wenn wir nur erst einmal verheiratet wären«, erklärte Celia. Falsch! (Das ist übrigens auch so ein Irrtum!) Sie stellten fest, daß die Ehe zusätzliche Anforderungen und Verpflichtungen mit sich brachte und daß die Dinge sich keineswegs verbessert hatten. Mittlerweile hatten sie in ihren Auseinandersetzungen auch schon zu körperlicher Gewalt gegriffen. Sie kamen schließlich zu mir, als sie sich beinahe nur noch bekämpften.

Ihre Probleme waren anscheinend auf frühe Kindheitserlebnisse in ihren jeweiligen Herkunftsfamilien zurückzuführen. Frank zum Beispiel entdeckte an Celia Eigenschaften, die er an seiner Mutter gehaßt hatte, seit sich seine Eltern – er war damals elf Jahre alt – hatten scheiden lassen. Er beschrieb seine Mutter als »ruppigen

Besen«, harsch, streng und lieblos, und reagierte überempfindlich, wenn Celia irgendeine Kritik äußerte. Celia ihrerseits hatte sehr früh lernen müssen, selbständig zu sein und allein zurechtzukommen. Beide Eltern waren Alkoholiker, und sie mußte schon früh nicht nur für sich, sondern auch für den sechs Jahre jüngeren Bruder sorgen. Die seelischen Narben aus dieser Zeit waren noch kaum verheilt, und sie wurde wütend, wenn Frank auch nur einen Schnaps anrührte oder mehr als zwei Gläser Bier trank.

Wir hatten kaum angefangen, diese und andere Probleme in der Therapie zu bearbeiten, als Celia sagte, sie sei schwanger. Frank drängte sie, abzutreiben, aber Celia wollte das Kind bekommen und war sicher, dies würde all ihre Probleme lösen und die Ehe festigen. Ich vertrat die Auffassung, daß man ein Kind dann bekommen sollte, wenn die Ehe in Ordnung ist, nicht in Krisenzeiten. Celia weigerte sich jedoch, die Schwangerschaft abzubrechen.

Ich arbeitete mit den beiden weiter, und es gab tatsächlich einige Fortschritte; die Mißverständnisse und Überempfindlichkeiten wurden weniger. Celia brachte dann eine Tochter zur Welt, und die beiden meldeten sich erst wieder, als das Baby drei Monate alt war. »Es ist alles ganz furchtbar!« rief Celia aus. Frank stimmte ihr zu: »Das ist noch milde ausgedrückt.« Ein Hauptproblem war, daß das Kind nachts nicht durchschlief und vor allem Frank sich dadurch sehr gestört fühlte. »Den ganzen Tag laufe ich dann nur noch wie benebelt herum«, erklärte er. Eine noch größere Rolle spielte, daß Franks unersättliches Bedürfnis nach Zuwendung nun frustriert wurde. »Er nimmt es mir übel, daß ich soviel Zeit mit dem Baby verbringe«, berichtete Celia und fügte hinzu: »Ich habe das Gefühl, ich muß jetzt für *zwei* Babies sorgen – Frank ist eifersüchtig auf sein eigenes Kind!« Meine Versuche, den beiden zu helfen, ihre Probleme zu lösen und eine positive Beziehung zueinander aufzubauen, blieben erfolglos. Die Ehe endete mit Scheidung und Verbitterung auf beiden Seiten.

Vielleicht war diese Partnerwahl von Anfang an unglücklich, und keine noch so aufwendige Paartherapie hätte einen dauerhaften Erfolg gehabt. Ich glaube aber, daß man diese Ehe hätte retten können, wenn die Dinge nicht durch die allzu frühzeitige Ankunft eines Kindes noch kompliziert worden wären.

Früher war die Rolle der Frau durch ihren Status als Mutter weitgehend festgelegt. Die modernen Frauen haben jedoch ganz andere Gründe, eine Ehe einzugehen, und ihr Widerstand gegen Abhängigkeit und Hausmütterchen-Dasein hat mittlerweile einigen Erfolg gezeitigt. Männer wie Frauen haben heutzutage einen ausgeprägten Sinn für ihre individuellen Bedürfnisse, doch Elternsein fordert, wenn es gelingen soll, die Bereitschaft, eine Reihe von egoistischen Bedürfnissen hintanzustellen. Ein harmonisches Familienleben setzt voraus, daß aus dem »Ich« ein »Wir« wird. Die Geburt eines Babies ist ein Wendepunkt und stellt neue Anforderungen an eine Ehe. Wenn das Paar bis dahin Gewohnheiten und Reaktionsmuster entwickelt hat, die dieser neuen Situation nicht gerecht werden, ist die Auflösung der familiären Bindungen wahrscheinlich unabwendbar.

12. Irrtum

In einer echten Partnerschaft wird alle Arbeit brüderlich geteilt

Gleiche Rechte, gleiche Chancen, gleicher Lohn und gleiche Arbeitszeit – das sind Schlagworte unserer Zeit. Gleichheit ist für viele Menschen ein Synonym für Demokratie und beide sind bei uns hochgeschätzt. Und wenn die Dinge nicht genau gleich verteilt oder geteilt werden – sozusagen in der Mitte durchgeschnitten –, dann wird angenommen, es handle sich nur um Ausbeutung.

Egalitarismus wird mit Freiheit gleichgesetzt. In unseren aufgeklärten Kreisen ruft der Herr des Hauses schon lange nicht mehr nach seiner Pfeife, den Pantoffeln und einem Bier, wenn er heimkommt. Der Mann von heute rackert sich vielmehr am Kochherd ab (oder, realistischer: er fummelt an den Knöpfen eines Mikrowellenherdes herum), während sich seine Angetraute bei einem Drink im Wohnzimmer entspannt und den Börsenbericht liest. Die allgemeine Auflösung der starren Rollenverteilung ist ein echter Fortschritt und zeugt von zunehmender Aufklärung. Andererseits hat die falsche Anwendung des Halbe-halbe-Prinzips und die Vorstellung, daß Arbeitsteilung nur fair und wünschenswert ist, schon so manche Beziehung scheitern lassen. Zuweilen wird übersehen, daß die Menschen, auch wenn sie *gleich* sind, doch *verschieden* sind. Daher ist es unter gewissen Umständen vielleicht günstiger, die Arbeit nach dem Schlüssel 60:40, 70:30, 75:25 oder auch noch anders zu verteilen als nach der Regelung 50:50.

Dazu ein paar Fallbeispiele:

Harold bezeichnete sich stolz als Feministen und bemerkte sofort jedes Anzeichen männlichen Chauvinismus bei sich selbst oder anderen. Als er Marge heiratete, bestand er darauf, daß alle Haushaltsarbeiten jeweils zur Hälfte aufgeteilt würden. »Schließlich sind wir beide berufstätig, verdienen gleich viel und kommen gleich müde nach Hause, deshalb werde einen Abend ich das Essen kochen und am nächsten dann du.« In der Tat schien Harolds Vorschlag vernünftig; nichts konnte fairer sein. Aber einen wichtigen Aspekt der Realität hatte er vergessen: Er war ein miserabler Koch! Was er da mit bester Absicht zusammenkochte, war nicht nur meistens ungenießbar, auch die Zeit und die intensive Arbeit, die es ihn kostete, um nur das einfachste Essen zustande zu bringen (ganz zu schweigen von der Verschwendung), machten seine Halbe-halbe-Devise letztlich extrem ineffektiv und kostspielig. Um so mehr, als Marge sehr gern kochte und aus dem Handgelenk im Nu ein ansprechendes, nahrhaftes und schmackhaftes Mahl zaubern konnte. Offensichtlich hatte Harold wichtige Merkmale ihrer Beziehung nicht berücksichtigt.

Bei Ken und Jodi lag das Problem anders. Ihr vier Monate altes Baby schlief schlecht. Allnächtlich mußte die kleine Lisa mindestens zweimal gefüttert und gewickelt werden. Jodi meinte, es sei doch ganz klar, daß sich die Eltern bei der nächtlichen Pflege abzuwechseln hätten. Sie hatten beide anstrengende Berufe. Sie arbeitete als Sozialarbeiterin in einem Zentrum für Gemeindepsychiatrie und empfand die Arbeit oft als anstrengend und ermüdend. »Ich arbeite genauso wie Ken, deshalb ist es nur fair, daß wir uns nachts abwechseln.« Jodi verlangte also genau dieselbe 50:50-Lösung, die Harold propagiert hatte. Man kann die Fälle insofern nicht vergleichen, als im ersten Beispiel Harold nicht kochen, Marge jedoch ausgesprochen gut kochen kann, Ken aber ebensogut wie Jodi das Baby wickeln und füttern kann.

Ken sah die Sache aber so: »Normalerweise stehe ich morgens um viertel nach sieben im Operationssaal und fange mit dem ersten Patienten an, und wenn ich nachts nicht sechs oder sieben Stunden richtig durchgeschlafen habe, dann habe ich ein dumpfes Gefühl im Kopf und bin unkonzentriert.« (Im Geiste notierte ich mir, daß ich meinem Chirurgen, falls ich mich mal einer Operation unterziehen muß, unbedingt sagen muß, er soll gut ausschlafen, bevor er mich unters Messer nimmt!) Jodi meinte, das sei eine faule Ausrede, und blieb dabei, ihre Arbeit sei genauso wichtig und erfordere genausoviel Feingefühl wie die von Ken. Ich gab zu bedenken, daß die Arbeit eines Chirurgen nicht unbedingt wichtiger sei als die eines

Sozialarbeiters, allerdings erfordere sie doch viel mehr Präzision und Konzentration. »Schließlich liegt das Leben der Patienten in seiner Hand«, protestierte ich, »und wenn er unkonzentriert und mit benebeltem Kopf bei der Arbeit ist, weil er nachts das Baby versorgen mußte, dann rutscht ihm vielleicht mal das Messer aus.«

Für diese zwei Paare war es recht einfach, eine Lösung zu finden: Marge übernahm das Kochen ganz, dafür erledigte Harold alle Einkäufe. Jodi versorgte das Baby fünf Nächte pro Woche, freitags und samstags hatte Ken »Nachtdienst«. Dafür übernahm er ohne Murren die Verantwortung für die gesamte Wäsche der Familie – Waschen, Trocknen, Sortieren und Zusammenlegen. Bei diesen Paaren sorgte also eine ungleiche Aufteilung bestimmter Arbeiten schließlich für Gleichgewicht und Harmonie.

Es gibt viele Paare, die sich bewußt dafür entschieden haben, gewisse Dinge nicht partnerschaftlich aufzuteilen, weil es ihnen so besser paßt. Ich habe einen guten Freund (er ist Wirtschaftsprüfer und ein erstklassiger Koch), auf dessen Schultern nahezu der ganze Haushalt ruht. Er sorgt für seine Frau und hat, was den Haushalt angeht, sicher eine 90:10-Partnerschaft – aber so und nicht anders wollen er *und* seine Frau es haben, und es klappt. Andererseits kenne ich auch Ehepaare, die eine »traditionelle« Ehe führen, in der die Frau kocht, putzt, wäscht und einkauft. Es gibt eben mehr als eine richtige Art des Zusammenlebens. Die eheliche Dyade hat viele Gesichter – was die einen völlig zufriedenstellt und echte Liebe, Fürsorge und Respekt gedeihen läßt, kann für die anderen absolut destruktiv werden.

Sally-Ann betonte immer wieder, wie gern sie Hausfrau sei. Andy hatte als Ernährer der Familie einen harten Arbeitstag, und es machte ihr Freude, ihn zu umsorgen, wenn er müde von der Arbeit heimkam. »Manche Frauen haben mir ins Gesicht gesagt, ich sei wohl ein Opfer ständiger Gehirnwäsche und müßte Trainingsgruppen zur Bewußtseinserweiterung besuchen, um mich zu emanzipieren. Ich finde, emanzipiert ist jemand, der eigenständige Entscheidungen treffen kann – und ich habe mich *hierfür* entschieden, zumindest für den Augenblick.« In der Tat, unglücklicherweise glauben allzu viele Leute fest und unerschütterlich, daß es nur eine richtige Weltanschauung gibt, nämlich *ihre*.

Ich amüsiere mich oft, wenn Paare sich gegenseitig vorrechnen, wer was getan hat. »Ich habe fünfmal gekocht und du nur zweimal; ich habe den Müll viermal hinausgetragen und du nur dreimal. Ich habe zwei Maschinen voll Wäsche gewaschen und du nur eine; ich habe den Teppich im Wohnzimmer schon sechsmal gesaugt, und du hast es nur einmal halbherzig versucht.« Gelegentlich fordere ich in der Therapie ein Paar auf, für kurze Zeit »Logbuch« zu führen, damit die beiden besser wahrnehmen, was in der Beziehung wirklich abläuft. Aber wenn es nötig ist zu beweisen, »wieviel mehr ich tue als du«, dann scheint mir doch ein fundamentaler Mangel an Liebe, echter Fürsorge und Verbundenheit zu bestehen.

Wenn man jemanden wirklich liebt, dann macht es auch Spaß, etwas für ihn zu tun; es macht Freude, wenn man dem anderen das Leben ein bißchen leichter und angenehmer machen kann. Wenn ich also Eheleute sehe, die mit einer Strichliste wedeln und »Ich habe schließlich schon …!« rufen, denke ich traurig bei mir, daß sie wohl früher oder später den Anwälten Arbeit verschaffen werden.

13. Irrtum

Alle meine Träume werden in Erfüllung gehen

Selbst heutzutage, im Zeitalter der Aufklärung und Emanzipation, halten noch immer viele Leute die Heirat für eine Auszeichnung, einen schlagenden Beweis persönlichen Erfolges. In den Augen dieser Leute verleiht uns das Verheiratetsein einen höheren Status: Es beweist meinen hohen menschlichen Wert, weil es der Umwelt zeigt, daß ich jemandem so viel bedeute, daß er bei mir »vor Anker« geht. Aufgrund sozialer Konditionierungen findet man solche Ansichten bei Frauen häufiger als bei Männern: die Bezeichnung »Junggeselle« hat ja auch nicht denselben abwertenden Unterton wie die Ausdrücke »alte Jungfer« oder »spätes Mädchen«. Ein Witzbold stellte einmal scharfsinnig fest: »Keine Frau wird dreißig, ohne gefragt worden zu sein, ob sie nicht heiraten wolle – zumindest von ihren Eltern.« (Trotz der großen Fortschritte in Richtung auf Gleichberechtigung sorgen sich die Eltern auch heute noch sehr viel mehr um die Verehelichung ihrer Töchter als um die ihrer Söhne.)

Bettys Lebenseinstellung war typisch für die zahlreichen Frauen, die wegen mangelnden Selbstwertgefühls zu mir in die Beratung kommen. Sie bezeichnete sich als »ewige Verliererin«. Dabei wirkte sie attraktiv und gepflegt, hatte viele Freundinnen und auch Freunde; aber seit ihrer Scheidung vor sechs Jahren hatte es keinen Mann mehr in ihrem Leben gegeben, der ihr wirklich etwas bedeutet hätte. Sie war jetzt 39 und hatte einen verantwortungsvollen Posten als Geschäftsführerin; demnächst sollte sie in eine noch höhere Position aufsteigen, wo sie dem obersten Führungsgremium angehören würde. Das alles war in ihren Augen jedoch nichts wert. Irrationalerweise fühlte sie sich schuldig am Scheitern ihrer Ehe, und noch schlimmer fand sie, daß sie seit sechs Jahren keine dauerhafte Beziehung zu einem Mann, der sich für eine neue Ehe geeignet hätte, gefunden hatte. Dadurch sei der Wert ihrer anderen Erfolge gleich null, meinte sie. Sie empfand sich als einen »niemand«, weil sie noch nicht wieder verheiratet war.

Lynn, 35 Jahre alt, hatte ähnliche Probleme mit dem Selbstbewußtsein. Anders als Betty war sie verheiratet und hatte zwei Kinder. »Mein ganzes Leben lang«, sagte sie, »wurde ich darauf vorbereitet, Hausfrau und Mutter zu werden. Meine ganze Kindheit war entsprechend ausgerichtet, und ich lernte handarbeiten, nähen, kochen und backen. Im College ging es mir nicht um den akademischen Abschluß, sondern darum, einen sozial akzeptablen Ehemann zu finden – was mir auch gelang. Joe und ich heirateten, sobald wir unsere Examina gemacht hatten.« Und jetzt, nach dreizehn Jahren Ehe und mit zwei Söhnen (zehn und zwölf Jahre alt), sah Lynn all ihre Vorstellungen verwirklicht. »Wir haben sogar einen weißen Holzzaun vor dem Haus, einen Wohnwagen und einen Hund – im Ernst!« Aber nun, da sie die Erfüllung aller Lebensträume eigentlich hätte genießen können, spürte Lynn eine gewisse Leere und nervöse Unruhe aufsteigen. »Ganz unmerklich schlichen sich diese Gedanken in mein Leben ein – und schließlich fand ich den Mut, mich selbst zu fragen, ob das wirklich alles ist, was man vom Leben erwarten kann.«

Fran war besonders verstört. Ihr sozialer Hintergrund und ihre Lebensgeschichte glichen der von Lynn; sie war jedoch mit 42 Jahren das »übliche Opfer« einer jüngeren Frau geworden. Ihr Ehemann hatte sie vor acht Monaten verlassen, weil er mit einer seiner Sekretärinnen ein Verhältnis hatte. »Ich bin zur Ehefrau programmiert«, sagte sie, »etwas anderes habe ich nicht gelernt«. Auch in ihrem Fall hatte es so ausgesehen, als würde die Ehe alle Lebensträume erfüllen. »Ich wollte ja nie etwas anderes; ich war wunschlos glücklich.«

Betty, Lynn und Fran haben zwar unterschiedliche Probleme, aber alle drei sind Opfer des Mythos, die Ehe sei das Ziel aller Wünsche. Nun, wie wäre all den Bettys, Lynns und Frans dieser Welt zu helfen? Sie müßten lernen, eine vielseitigere Lebensperspektive zu entwickeln, in der die Ehe nur *eine* Facette (und keine unerläßliche) eines glücklichen, erfüllten Lebens ist.

Eine gut angepaßte Persönlichkeit verfügt über eine Vielzahl zwischenmenschlicher Fähigkeiten. Um dauerhafte positive Beziehungen aufbauen zu können, sind Anteilnahme, echte Zuneigung und die Fähigkeit zu tiefer Freundschaft und Kameradschaftlichkeit erforderlich. Erfahrenheit im sexuellen Bereich ist ein wichtiger Faktor des Selbstwertgefühls und Selbstvertrauens. (Die Vorstellung, »wenn zwei sich lieben, ist das Sexualleben automatisch befriedigend« zählt auch zu den hier behandelten Irrtümern, siehe 23. Irrtum.) Liebe allein reicht nicht aus; sexuelle Techniken wollen erlernt sein. Aber umgekehrt reichen sexuelle Fertigkeiten nicht aus, um eine dauerhafte Liebesbeziehung zu sichern. Berufstätigkeit und andere außerhäusliche Aktivitäten und Anregungen können verhindern, daß das Familienleben langweilig wird. Aber natürlich finden manche Männer und Frauen Befriedigung auch darin, »Hausmann« bzw. »Hausfrau« zu sein. Dagegen ist selbstverständlich nichts einzuwenden – außer es macht ihn/sie im Falle familiärer Zerrüttung so abhängig und verletzbar wie Fran.

Zahllose schlanke, attraktive und gepflegte Menschen lassen sich gehen, kaum daß sie verheiratet sind, und werden fett, nachlässig und, milde gesagt, zu unerfreulichen Erscheinungen. Vor der Heirat haben sie auf ihr Aussehen geachtet und sich von ihrer besten Seite gezeigt. Warum? Nur um das arglose Opfer in die Falle zu locken. Und sowie der Ehevertrag einmal unterzeichnet ist, brauchen sie sich ihrer Meinung nach nicht weiter »anzustrengen«. Jämmerlich!

Der Trugschluß, mit der Heirat sei man am Ziel aller Wünsche, ist deutlich verknüpft mit dem 2. Irrtum (romantische Verliebtheit), aber es gibt ein paar wichtige Unterschiede zwischen den beiden. Wenn man die Ehe als eine *conditio sine qua non* des Lebens betrachtet, greift man in Krisen leicht zu emotionaler Erpressung. »Ich kann ohne dich nicht leben. Wenn du mich verläßt, bringe ich mich um.« Allzu häufig kleben solche Eheleute aneinander – nicht, weil sie sich lieben oder miteinander glücklich sind, sondern weil Angst und Schuldgefühle sie aneinander fesseln. Der eine Partner braucht den anderen wie die Luft zum Atmen und kann ohne ihn nicht mehr existieren. Dann heißt es: »Du bedeutest mir alles. Du bist die Welt für mich.« Aus derlei ungesunden Abhängigkeiten erwachsen Verstimmungen – auf beiden Seiten. Der abhängige Partner nimmt dem anderen übel, daß dieser ihn so in der Hand hat, während sich der »stärkere« Partner eingesperrt fühlt, ärgerlich wird und oft Ängste entwickelt. Solche Ehen nennt man »symbiotische Bindungen«, womit zum Ausdruck gebracht werden soll, daß einer den anderen zur Befriedigung seiner neurotischen Bedürfnisse braucht; es geht also eher um Ausbeutung als um Kooperation und Zuneigung.

Reife Liebe macht aus dem Gegenüber nie »die Luft zum Atmen«. Die Botschaft einer reifen Persönlichkeit lautet so: »Ich kann mit dir und auch ohne dich leben. Ich möchte so gern *mit* dir leben, denn ich liebe dich. Ich hoffe, dir geht es mit mir genauso.« Unreife Bindungen führen zu ganz anderen Botschaften: »Du gehörst mir, und ich lasse dich niemals gehen.« Bei solchen Konstellationen sind emotionale Erpressung und ähnliche Machtspiele nichts Ungewöhnliches. Schauen Sie sich folgenden Dialog an:

QUINN: Ich glaube, wir passen einfach nicht zusammen. Ich habe lange darüber nachgedacht und bin jetzt zu dem Schluß gekommen, daß es für uns beide besser ist, wenn wir uns scheiden lassen.

LYDIA: Wenn du noch einmal von Scheidung redest, dann erzähle ich deiner Mutter von deinem Verhältnis mit Gladys und von dem Geld, das du unterschlagen hast.

QUINN: (wie vor den Kopf geschlagen): Warum willst du das tun? Meine Mutter war immer freundlich zu dir. Du weißt, daß sie so etwas nicht verkraftet. Warum willst du ihr so weh tun?

LYDIA: Dann komm mir auch nicht mit solchen Anwandlungen!

Man ist schlecht beraten, wenn man jemanden in einer Ehe ohne Liebe gefangen halten will. Und doch, Menschen, denen die Ehe alles bedeutet, wollen die Beziehung um jeden Preis aufrechterhalten, obwohl sie wissen, daß der Partner sie weder begehrt noch respektiert oder liebt. In solchen »Ehen um der Ehe willen« fehlt das gemeinsame Glück, es mangelt an Liebe, Freundlichkeit, echter Fürsorge und Freude.

Eine gute Ehe ist sicher ein sehr wichtiger, erstrebenswerter Teil eines erfüllten Lebens, aber es geht auch ohne sie. Die Ansicht, die Ehe an sich sei *alles,* ist eine falsche Einstellung, die eigentlich nur zu schmerzlichen Enttäuschungen führen kann.

14. Irrtum

Wer mich wirklich liebt, versteht mich auch ohne Worte

Auch dieser Irrtum ist den romantischen Fehleinschätzungen (2. Irrtum) zuzuordnen. Wo immer es um Liebe geht, wimmelt es nur so von Vorstellungen wie: wahre Zusammengehörigkeit heißt, »im Geiste eins« sein oder »auf derselben Wellenlänge« denken und empfinden. Worte sind dann überflüssig. Um es in der Sprache der Romanhefte auszudrücken: »Ihre Blicke trafen sich quer durch den Raum, und sogleich *wußten* beide, was sie dachten und empfanden.« Wahre Liebe verleiht also telepathische Fähigkeiten, oder?

Wie bei jedem dieser falschen Vorstellungen ist auch hier ein Körnchen Wahrheit dabei, das allerdings verabsolutiert wurde. Liebespaare, Eheleute, gute Freunde und selbst Kollegen kommen am besten miteinander aus, wenn sich jeder einigermaßen in den anderen einfühlen kann und für dessen Meinungen, Gefühle und Geschmack ein gewisses Verständnis entwickelt hat. Man kann dann lernen, das Verhalten des anderen zu entschlüsseln: »Als Charlie endlos von seiner neuesten Eroberung erzählte und ich das Funkeln in deinen Augen sah, da wußte ich: Wenn ich nicht gleich dafür sorge, daß er diesen Raum verläßt, holt er sich eine blutige Nase.« »Ich wußte genau, woran du dachtest, als Grace von der Woche in Mexiko zu erzählen begann.«

Trotzdem passiert es leicht, daß man die Gefühle und Gedanken des anderen falsch interpretiert. Dazu ein typischer Dialog:

ADAM: Warum bist du ärgerlich?

SUE: Ich bin nicht ärgerlich. Wie kommst du darauf, daß ich ärgerlich bin?

ADAM: O doch, und wie. Mir kannst du nichts vormachen. Ich merke es genau, wenn du verärgert bist.

Sue: Nein, wirklich nicht. Ich schwöre dir, ich bin nicht ärgerlich.

Adam: Was glaubst du, wen du vor dir hast? Heraus mit der Sprache! Steh zu deinen Gefühlen und hör auf zu lügen!

Sue: (wird langsam ärgerlich) Ich lüge dich nicht an. Ich sage dir, ich bin nicht ärgerlich!

Adam: Warum wird dann deine Stimme lauter? Also, steh zu deinen Gefühlen. Ich kann deine Gedanken lesen wie ein Buch.

Sue: Ich hasse es, wenn du anfängst, meine Aufrichtigkeit anzuzweifeln. Dann werde ich allerdings ärgerlich!

Adam: Aha – du gibt also zu, daß du ärgerlich bist!

Zu diesem Thema gibt es unendlich viele Variationen. Solche Szenen habe ich zwischen Liebespaaren, Eheleuten, Freunden, Feinden und auch zwischen Therapeuten und Patienten beobachtet. Die Haltung »Ich weiß besser über dich Bescheid als du« ist kompletter Unsinn. Sicherlich kommt es vor, daß jemand sich selbst betrügt und Persönlichkeitsanteile, die ein Unbeteiligter schwer erkennt, nicht wahrnimmt. Aber im großen und ganzen kennt man niemanden besser als sich selbst. Gedankenlesen gibt es nicht! Der eben angeführte Dialog wäre für Sue nicht so kränkend und beleidigend gewesen, wenn Adam gefragt hätte: »Bist du verärgert?«, oder festgestellt hätte! »Du scheinst verärgert zu sein«, statt gleich zu fragen: »Warum bist du ärgerlich?«. Wenn er nicht sehr deutliche Anzeichen, klare und unbestreitbare Fakten, für seine Vermutung vorweisen kann, muß er spätestens dann Zweifel an seiner Sichtweise einräumen, wenn Sue ihm widerspricht. Statt dessen tut er so, als könne er Gedanken lesen und vergiftet damit die Atmosphäre. Eine wichtige Grundregel heißt also: *Sagen Sie niemandem, Sie wüßten genau, was er/sie fühlt oder denkt.*

Wie oft schon habe ich gehört, daß jemand verlangte: »Das müßte er doch verstehen, ohne daß ich es erkläre! Wenn er mich *wirklich* liebt, dann weiß er es, ohne daß ich es sage.« »Mein Partner muß spüren, was ich brauche. Wenn ich es ihm erst lang und breit erklären muß, dann ist etwas zwischen uns nicht in Ordnung.«

Dieser fatale Irrtum ist besonders in den intimen Beziehungen vorherrschend. »Wenn ich meinem Mann im Bett erst sagen muß, was er wie tun soll, dann ist die ganze Lust dahin. Außerdem, wenn er mich wirklich liebt und sich auf mich einstellen kann, dann ist es nicht nötig, ihm alles zu erklären. Dann spürt er einfach, was ich brauche.« »Wenn eine Frau einen Mann wirklich liebt, dann weiß sie instinktiv, was ihm guttut und ihn befriedigt. Wenn man ihr erst klarmachen muß, wie sie es ihm recht machen kann, dann ist sie nicht die Richtige für ihn – und umgekehrt.«

So ein Unsinn! Die Menschen sind schließlich die einzige Spezies, die in der Lage ist, mittels Sprache zu kommunizieren. Kein anderes Lebewesen kann sagen: »Liebling, kannst du vielleicht deine Hand dorthin tun und ein bißchen fester drücken und dabei mit der anderen Hand meinen Rücken streicheln?« Niemand kann die Gefühle eines anderen empfinden, wie tief auch immer die Zuneigung ist. Die Menschen haben ja keine instinktgesteuerte Reaktionskette wie die Insekten; sie müssen all ihre komplexen Verhaltensmuster erst lernen – und ein befriedigendes sexuelles Zusammenspiel gehört auch in diese Kategorie. Bei der Geburt sind wir mit einigen Grundtrieben (zum Beispiel Hunger und Durst) und verschiedenen Reflexen (saugen, schlucken, atmen) ausgestattet, aber alles andere müssen wir lernen und uns aneignen: durch Belehrung, Nachahmung oder Versuch und Irrtum.

Natürlich gibt es unsensible, gedankenlose Zeitgenossen, denen man vergeblich immer wieder etwas erklärt oder beizubringen versucht. »Es bringt mich wirklich auf die Palme, daß du nach dem Rasieren immer das Waschbecken voller Haare hinterläßt.« – »Wenn du nur einmal darauf achten könntest, daß du in der Einfahrt nicht mein Auto zuparkst.« Solche und andere ausdrückliche Wünsche werden oft mißachtet. Vielleicht gehört diese Art von Kriegführung zu einer anderen falschen Devise: »Laß dir von deinem Partner nichts vorschreiben – zeig ihm/ihr, wer der Chef ist!« Machtkämpfe in der Beziehung führen leicht zu einem Grabenkrieg, dem nur noch durch Scheidung ein Ende zu setzen ist.

Sicher ist es schön, wenn man im voraus weiß, wie der Mensch, den man liebt, auf dieses oder jenes Ereignis reagiert. Dann kann man bestimmte Dinge tun oder lassen, so daß schließlich für beide eine positive Erfahrung dabei herauskommt. »Wie konntest du nur wissen, daß ich mir einen Kassettenrecorder gewünscht habe?« – »Lieb von dir, daß du früher vom Betriebsfest heimgekommen bist, weil ich doch das Auto brauche, um meine Tante im Krankenhaus zu besuchen.«

Wenn aber jeder Akt der Rücksichtnahme, jede Geste der Fürsorglichkeit und Großzügigkeit dem Partner abgebettelt werden muß, dann ist die Qualität der Beziehung fragwürdig.

Allerdings ist auch das Gegenteil gefährlich. »Wenn du mich wirklich lieben würdest, wenn ich dir wirklich wichtig wäre, dann hättest du *dies* getan oder wenigstens *daran* gedacht...« Hüten Sie sich vor solchen Argumenten! Sagen Sie Ihrem Partner statt dessen: »Wenn du *X* tust – oder *Y* nicht tust –, dann fühle ich mich nicht geliebt.« Wenn Sie Betroffenheit ausdrücken, statt dem anderen zu erklären, warum er oder sie so gehandelt hat, daß Sie sich unwohl fühlen (»das hast du nur getan, um mich zu verletzen!«), dann empfehle ich Ihnen dringend folgendes Schema:

»Wenn du in Situation X –,
Y tust –,
fühle ich mich Z –.«

Zum Beispiel: »Wenn wir bei meinen Eltern zu Besuch sind und du dort abfällig über meine Schwester sprichst, dann bin ich irritiert, und sie tut mir leid. Es ärgert mich, daß du sie so herabsetzt.«

Sinnvoll ist es, wenn Eheleute gegenseitig lernen, wie sie am besten miteinander umgehen. Und das schließt »Gedankenlesen«, inquisitorisches Nachfragen und all die anderen Taktiken aus, welche die Mitteilungen des anderen abwerten. Sagen Sie, was Sie denken, und denken Sie, was Sie sagen – und: erwarten Sie nicht von Ihrem Partner, daß er errät, was in Ihnen vorgeht.

15. Irrtum

Lieber eine unglückliche Ehe als eine zerrüttete Familie

Es gibt kaum etwas Unerfreulicheres als eine lieblose Ehe, die nur noch von Angst-, Schuld- oder Pflichtgefühlen zusammengehalten wird. Ich habe oft genug gesehen, was dabei herauskommt, wenn eine sinnlos gewordene Beziehung nur wegen sozialer Normen, irgendwelcher Verpflichtungen oder »um der Kinder willen« aufrechterhalten wird. Ich sage immer: »Wenn es nur der Kinder wegen ist, wird es den Kindern schlecht ergehen!«* Wenn Kinder dafür herhalten müssen, die Ehe ihrer Eltern zu kitten und zusammenzuhalten, werden ihre emotionalen Bedürfnisse in der Regel völlig übergangen. Eine Familie, die ohne Zusammenhalt, ohne gemeinsame Interessen weiterexistiert, wird bald zur Heuchelei, zur Fassade, die nur »wegen der Leute« aufrechterhalten wird.

Viele Paare trennen sich deshalb nicht, weil ihnen ihre religiöse Überzeugung eine Scheidung verbietet. Manche Frauen ertragen allein aus finanziellen Gründen endlose Auseinandersetzungen, Spannungen, Mißhandlungen und Elend. Mit einem Mann zusammenzuleben, den sie verachtet, ist für eine Frau schwierig, aber meist ist es noch schwieriger, eine angemessen bezahlte Arbeit zu finden, wenn sie keine qualifizierte Ausbildung hat. Oft erklären die Frauen auch, sie müßten ausharren, um die Kinder zu schützen.

David, ein dreißigjähriger Programmierer, hatte mich aufgesucht, weil er wegen seiner Ängste, Depressionen und sexuellen Probleme Hilfe brauchte. Es klappte gut, wenn er nur gelegentlich

* Lazarus verwendet hier ein Wortspiel, das in der Übersetzung nicht wiederzugeben ist: »When it is for the sake of the children, the children will be forsaken.« Anm. d. Ü.

mal mit einer Frau schlief, aber sowie es mit einer Beziehung »ernst« wurde, war er impotent. Seine Geschichte war typisch für Hunderte von Fallgeschichten, die ich in all den Jahren gehört habe: »Meine früheste Kindheitserinnerung ist, daß meine Eltern einander anschreien. Sie glauben gar nicht, wie oft ich nachts davon aufgewacht bin. Es hat mir immer schreckliche Angst gemacht, es war der reine Horror. Mein Vater ließ seinen Frust fast immer an uns Kindern aus, und Mama lief den ganzen Tag mit einem todunglücklichen Gesicht herum – es ging ihr immer sehr schlecht. Als ich neun oder zehn Jahre alt war, fragte ich sie, warum sie sich nicht scheiden ließe. Es ist ja schon bald ein Sprichwort: ›Zuerst hatte ich Angst, meine Eltern würden sich trennen, und dann hatte ich Angst, sie würden zusammenbleiben.‹ Später hat sie uns dann erklärt, sie habe die Ehe unseretwegen weitergeführt. Ich wünschte, sie hätte anders gehandelt, Ich glaube, letztlich wären mein Bruder, meine Schwester und ich glücklicher gewesen, wenn unsere Eltern sich getrennt hätten. Ich hatte zwei Freunde, deren Eltern geschieden waren. Ich war immer selig, wenn ich mal bei ihnen übernachten durfte. Der eine lebte bei seinem Vater und seiner Stiefmutter, und die verstanden sich alle prima miteinander. Der andere lebte mit seiner Mutter und seiner jüngeren Schwester zusammen, und es war immer sehr lustig dort. Ich habe niemals Freunde mit nach Hause genommen, weil ich mich zu sehr geschämt habe und immer Angst hatte, Mama und Papa würden wieder Streit anfangen.«

Rhonda konsultierte mich wegen einer ganzen Reihe emotionaler Probleme: »Ich bin hier bei Ihnen, weil meine Eltern zusammengeblieben sind – meinetwegen! Wenn sie sich rechtzeitig getrennt hätten, bräuchte ich jetzt wahrscheinlich keinen Therapeuten.« Anders als Davids Eltern hatten Rhondas Eltern versucht, die Spannungen zu verbergen. »Es gab nie eine häßliche Szene. Nur ein kaltes, herzloses, arktisches Klima – nicht ein Fünkchen menschlicher Wärme.« Rhondas Eltern ließen sich schließlich scheiden, als sie zwanzig Jahre alt war. »Das war für mich mindestens zehn bis fünfzehn Jahre zu spät ... Erst rückblickend wird mir klar, wie sehr meine Eltern sich haßten, aber nach außen hielten sie eine tadellose Fassade aufrecht. Bei ihren Freunden galten sie als das ideale Ehepaar; man stellte sie oft als Beispiel für eine glückliche Ehe hin. Die meisten ihrer Bekannten waren wie vor den Kopf geschlagen und total geschockt, als sie sich schließlich trennten.«

Der Ausdruck »zerbrochene Familie« ist ein verzerrender und negativ besetzter Begriff. Die Scheidung der Eltern wird oft als Grund für Delinquenz, Drogenmißbrauch und Prostitution der Kinder angeführt; auch Kriminalität, vom Ladendiebstahl bis zum Mord, wird zuweilen darauf zurückgeführt. »Ich möchte nicht, daß du dich mit Johnny einläßt«, warnt eine »verantwortungsvolle« Mutter, »seine Eltern sind geschieden.« Eine zerbrochene Familie – da assoziiert man gleich Vernachlässigung, Durcheinander, Verlassenheit, Ablehnung und unzählige weitere Belastungen. »Zerbrochene Familie – gebrochenes Herz«, klärte ein Klient mich auf. Wo immer die Alternative heißt: Scheidung oder unglückliche (aber äußerlich intakte) Familie, entscheiden sich viele Menschen für letzteres. Ich bezweifle, daß dies richtig ist.

Unglücklicherweise wird »Scheidung« oft automatisch mit »kaputter Familie« gleichgesetzt – samt all den vermuteten Mängeln und Belastungen. Dadurch wird »Scheidung« zum Stigma, zum verräterischen Indiz für persönliches Scheitern und zum zwangsläufigen Trauma für die Kinder – da ist es schon besser, man führt die unglückliche Ehe weiter... Jedoch: Wenn man es einigermaßen intelligent anstellt, braucht eine Scheidung für die Kinder weder zum Trauma noch zur bitteren Krise zu werden.

Ich werde dafür bezahlt, daß ich Paaren helfe, aus ihrer Misere herauszufinden. Vielleicht ist es eher Sentimentalität als Vernunft, aber wo ich kann, versuche ich, eine Ehe zu erhalten – besonders wenn kleine Kinder betroffen sind oder ich der Überzeugung bin, daß die zwei Partner im Grunde durchaus harmonisch miteinander leben könnten. Wenn aber alle Anstrengungen vergeblich, die Leute chronisch unglücklich sind, wenn abzusehen ist, daß sie sich niemals wirklich einig sein können, dann zögere ich nicht, eine konstruktive, gütliche Scheidung vorzuschlagen. Das Resultat ist dann nicht etwa eine zerrüttete Familie, sondern zwei zufriedene, unabängig voneinander existierende Lebenseinheiten. Der folgende Fall mag dies verdeutlichen.

Gloria und Hank hatten während ihrer sieben Ehejahre schon einen Eheberater und zwei Psychiater »verschlissen«. Ihre beiden Söhne waren sechs und fünf Jahre alt. Sie bezeichneten sich (auch gegenseitig) als »fantastische Eltern« – trotz ihrer Unfähigkeit, miteinander auszukommen. Gloria führte ein eigenes kleines, aber lukratives Geschäft, und Hank, der aus einer wohlhabenden Familie stammte, hatte einen hochbezahlten Posten als stellvertretender Direktor einer großen Handelsgesellschaft. »Wir haben eigentlich allen Grund, glücklich zu sein«, erklärte Hank. »Wir lieben unsere Kinder, leben in einem Traumhaus, fahren teure Autos und machen oft Urlaub – es klingt alles wie im Märchen. Wahrscheinlich würden die meisten Leute gern mit uns tauschen. Und trotzdem kommen wir nicht zurecht.«

Sex war ein ständiges Problem. »In den ersten paar Jahren war es okay«, behauptete Hank. »Es war nie okay«, fuhr Gloria ihn an. Das war typisch für ihren Umgang miteinander. Hank wirkte betroffen und sagte: »Du erzählst jedesmal etwas anderes.« »Was ist denn das Hauptproblem beim Sex?« fragte ich. Hank antwortete: »Sie ist nie in Stimmung.« Gloria ignorierte seine Bemerkung. »Ich erlebe es als sehr unangenehm«, sagte sie. »Außer mit Derek!« erwiderte Hank scharf. »Ach du liebe Zeit, fang doch nicht wieder damit an!«

»Wer ist Derek?« wollte ich wissen. Es handelte sich um Glorias Geliebten, mit dem sie seit zwei Jahren zusammen war. Ihre zunächst eher beiläufige Affäre war zu einer ernsthaften Sache geworden, und mittlerweile waren beide sehr verliebt ineinander. Ihre Beziehung zu Derek war erst ans Licht gekommen, nachdem sie von Hanks Verhältnis mit ihrer besten Freundin erfahren hatte. Derek erklärte Hank, er wolle Gloria heiraten, worauf Hank erwiderte: »Gloria kann jederzeit gehen, wohin sie will – aber ohne die Kinder.« Hank drohte damit, den besten Anwalt zu nehmen, koste es, was es wolle, und Gloria »bis aufs Messer zu bekämpfen«, um sich das Sorgerecht für die Kinder zu sichern: »Meine Kinder gebe ich niemals her.«

Einer der früheren Therapeuten hatte dem Paar zur »offenen Ehe« geraten. Hank erklärte jedoch, er sei mittlerweile absolut gegen außereheliche Verhältnisse, und er blieb dabei, daß sie alle

Probleme gemeinsam lösen könnten und eine glückliche Ehe möglich wäre, wenn nur Gloria nicht so starrsinnig wäre. Im Einzelgespräch vertraute Gloria mir an, daß sie Hank nur geheiratet hatte, weil sie von einem anderen sitzengelassen worden war, und daß sie nie etwas anderes an ihm anziehend gefunden hatte als sein Bankkonto. Sie wollte Derek heiraten, war aber nicht bereit, ihre Kinder herzugeben. »Das alles habe ich auch Hank erzählt«, sagte sie, »aber er nimmt es einfach nicht auf.«

Ich vereinbarte auch mit Hank ein Einzelgespräch und versuchte, ihm klarzumachen, daß er doch ein Recht darauf habe, eine Frau zu finden, die ihn liebe und schätze. »Warum wollen Sie noch länger mit Glorias Gleichgültigkeit und Ablehnung leben?« Er wiederholte nur: »Ich halte sie ja nicht zurück. Sie kann gehen, wohin sie will. Ich stimme einer Scheidung gern zu, ich habe ihr sogar eine großzügige Abfindung angeboten.« Aber was die Kinder anging, blieb er unerbittlich. »Sie bleiben bei mir ... ich will kein Wochenend-Papi oder so eine Art Nikolaus für meine Kinder werden.«

Glorias Freunde hatten ihr geraten, die Sache vor Gericht auszutragen. »Kein Richter wird Hank das Sorgerecht für die Kinder zusprechen«, sagten sie. Aber Gloria scheute sich, diesen Weg zu gehen. »Und außerdem«, fügte sie hinzu, »will ich meine Kinder nicht vors Gericht zerren.« Derek bot sich an, die Sache mit Hank auszudiskutieren, aber das Ganze endete in einem lautstarken Wortgefecht, das alles nur noch schlimmer machte.

Beim nächsten Gespräch mit Gloria und Hank entwarf ich in knappen Worten ein Bild dessen, was ich auf die Familie in den nächsten Jahren zukommen sah, wenn sie nicht aus ihrer Sackgasse herausfänden. Die Spannungen und die Destruktivität ihrer Beziehung würden sich verschlimmern und unvermeidlich die Kinder in Mitleidenschaft ziehen. Wie konnten wir das verhindern und alles so regeln, daß letztlich vier Gewinner und nicht vier unglückliche Menschen dabei herauskämen?

Um deutlich zu machen, welch destruktive Folgen ihre gegenwärtige Situation zeitigen würde, nannte ich sie »Das Spiel mit vier Verlierern«. Dann sagte ich: »Vor allem anderen sollten wir nicht mehr danach fragen, was das Beste für Hank und Gloria ist; wir sollten vielmehr *ernsthaft* an die Kinder denken. Was ist für sie das

Beste?« Ich wies darauf hin, daß sich beide aus selbstsüchtigen, wenn nicht boshaften Gründen an die Kinder klammerten. Ich betonte, daß sie beide fürsorgliche, liebevolle Eltern seien. Daher würde es zu einer konstruktiven Lösung unbedingt gehören, daß die Kinder ohne Umstände zu beiden Eltern den Kontakt halten könnten. Wir sprachen dann alle Möglichkeiten des gemeinsamen Sorgerechts durch, um den Bedürfnissen der Kinder am besten gerecht zu werden. Dazu gehörten die Versorgung der Kinder, die Höhe der Unterhaltszahlungen, die Aufteilung des Besitzes, geographische Grenzen (wie groß sollte die Entfernung zwischen Hanks und Glorias Wohnung sein?) und schließlich die Frage, wie man die Kinder am besten von all diesen Entscheidungen unterrichten und auf die Veränderung vorbereiten sollte. Die Diskussion wurde oft hitzig, aber ich konnte doch eine ganze Reihe vernünftiger und einfühlsamer Regelungen ermöglichen, die das Wohlergehen der ganzen Familie sicherstellten. Hank und Gloria erkannten, daß ich für keinen von beiden Partei ergriff. Daher konnte ich mich zum Beispiel an Gloria wenden und sagen: »Also bitte! Sie können nicht erwarten, daß Hank *dem* zustimmt!« oder ich konnte Hank tadeln: »Jetzt nehmen Sie schon wieder Ihre eigenen Bedürfnisse wichtiger als die der Kinder.« Auf diese Weise war es möglich, potentielle Feindseligkeiten in positive Energie umzuwandeln, und diese führte uns schließlich zu konstruktiven Ergebnissen.

Wenn sich Hank und Gloria statt dessen Anwälte genommen hätten, wären feindselige und sogar wutentbrannte Auseinandersetzungen nicht zu vermeiden gewesen. Eine »Scheidungsberatung« kann bei umsichtigem Vorgehen all die Bitterkeit und Feindseligkeit überflüssig machen, von der man meistens glaubt, sie sei unabwendbar. Wir brauchten zwei Monate, bis wir eine Übereinkunft erarbeitet hatten, die wir alle drei als gerecht und zum Besten aller Beteiligten empfanden. Dann wurden Anwälte hinzugezogen, die die endgültigen Verträge aufsetzen sollten. Glorias Anwalt meinte: »Ich könnte viel mehr für Sie herausholen! Sie verkaufen sich unter Wert!« Aber sie erwiderte ihm nur: »Sie wissen nicht, worum es hier geht. Machen Sie jetzt keine Umstände mehr. Glauben Sie mir, ich weiß, was ich tue. Nehmen Sie es bitte so auf, wie es dort steht.«

Sobald die Scheidung ausgesprochen war, heirateten Gloria und Derek. Das letzte Mal sah ich sie etwa drei Jahre nach der Scheidung. Hank hatte nicht wieder geheiratet, lebte aber mit einer Frau zusammen. Ich drückte meine freudige Überraschung aus, als Gloria erwähnte, daß Hank und seine Freundin dabeisein würden, wenn sie und Derek mit den Kindern nach Disneyland gingen. »Das klingt zu schön, um wahr zu sein«, sagte ich. Aber Gloria witzelte: »Wir sind halt das Ergebnis einer modernen Scheidungsberatung!«

16. Irrtum

Seine Karriere ist wichtiger als ihr Beruf

Ein paar Begebenheiten, die ich bezeichnend fand, haben mich veranlaßt, diesen Irrtum zu den zwei Dutzend wichtigsten zu zählen:

Eine meiner Kolleginnen, eine renommierte Psychotherapeutin, war zu einem internationalen Kongreß eingeladen worden; damit taten sich womöglich ganz neue berufliche Möglichkeiten für sie auf. Madelynne war ganz aus dem Häuschen über diese einmalige Chance. Und trotzdem sagte sie ab, als sie erfuhr, daß ihr Mann zur selben Zeit aus geschäftlichen Gründen auch verreisen mußte, und daß obendrein die beiden Töchter, acht und zehn Jahre alt, in der Schule bei einem Theaterstück auftraten und erwarteten, daß mindestens ein Elternteil zuschaute.

Was rechtfertigte diese Entscheidung? Warum waren die geschäftlichen Belange ihres Mannes wichtiger als Madelynnes beruflicher Aufstieg? Warum bot er ihr nicht an, seinen Termin abzusagen, damit sie am Kongreß teilnehmen konnte? Wäre es für die Kinder gar so schlimm gewesen, wenn beide Eltern weggefahren wären und ein zuverlässigen Betreuer sie begleitet hätte?

Im nächsten Beispiel war der Mann Geschäftsführer einer großen Handelsgesellschaft, seine Frau war Dozentin an einem College. Juanita verdiente etwa 30 000 Dollar im Jahr. Jeromes Einkommen war, einschließlich einiger Renditen und Dividenden, etwa zehnmal so hoch. Als das Direktorium seiner Gesellschaft beschloß, zweitausend Meilen entfernt eine neue Niederlassung zu gründen, wurde Jerome damit beauftragt, sie aufzubauen. Es wurde dabei als selbstverständlich vorausgesetzt, daß Juanita ihre akademische Karriere aufgeben und sich ohne weiteres auch von Verwandten und Freunden trennen würde. Ich fragte Jerome, warum er automatisch davon ausging, daß Juanita ihre akademische Position, die sie sich hart erarbeitet hatte, aufgeben würde. Er antwortete leicht spöttisch: »Wenn man die Steuern abzieht, reicht ihr Verdienst ja kaum für das, was ihr Jaguar an Sprit säuft.«

Ist das vielleicht eine plausible, hinreichende Begründung?

Auch der dritte Fall schildert eine nur allzu häufige Konstellation. Julienne hatte wegen der Geburt des ersten Kindes das Studium abgebrochen, das sie mit der Promotion in Psychologie hatte abschließen wollen. Sie bekam drei weitere Kinder und schaffte es dennoch – weiß der Himmel wie – nebenbei soviel Geld zu verdienen, daß sie ihrem Mann das Medizinstudium und eine Facharztausbildung (er wurde Augenarzt) finanzieren konnte. Zwei Tage nach dem siebzehnten Hochzeitstag bat ihr Mann sie um die Scheidung; ein Jahr später war er mit einer vierundzwanzigjährigen Krankenschwester verheiratet. »Ich wünschte, ich hätte meine eigene Ausbildung abgeschlossen«, klagte Julienne. »Dann hätte ich jetzt etwas, worauf ich zurückgreifen könnte.«

Die Voraussetzungen im vierten Beispiel lagen umgekehrt als in den erwähnten Fällen. Sheryll, die eine eigene Firma gegründet hatte, verdiente mehr als doppelt soviel wie ihr Mann. Aber wenn Carl auf Geschäftsreise ging, verhielt sich Sheryll genau wie die drei anderen Frauen: Sie blieb zu Hause und versorgte die Kinder, gleichgültig, was für dringende Verpflichtungen am Arbeitsplatz auf sie warteten.

Im ersten, dritten und vierten Fall wäre es unangebracht, sich als Außenstehender kritisch zu äußern, wenn die Partner trotz ihrer ungleichen Einkommen harmonisch zusammenleben würden. Es gibt viele glückliche »traditionelle« Ehen, in denen der Ehemann der einzige Verdiener ist und die Hausfrau sich um sein Wohlergehen kümmert, und es wäre eine fatale Fehleinschätzung, wollte man diese »ausgebeuteten« Frauen »befreien« und ihr Bewußtsein »erweitern«. Es ist unklug, die eigenen Wertvorstellungen auf die Ehen anderer Leute zu übertragen. Auch wer zusammenzuckt bei dem Gedanken, daß ein Ehemann zu Hause bleiben und »weibliche« Arbeiten erledigen könnte – kochen, putzen und die Kinder versorgen –, versteht offensichtlich nicht, daß diese Rollenverteilung bei manchen Paaren bestens funktioniert.

In den erwähnten Fällen lehnten jedoch die Frauen die chauvinistische Haltung ihrer Männer, was ihre eigene Karriere anging, eindeutig ab; und solche Differenzen wirken sich natürlich negativ auf die Ehe aus. (Jerome, der sich so abfällig über die akademische Stellung seiner Frau äußerte – »... reicht ihr Verdienst ja kaum für das, was ihr Jaguar an Sprit säuft!« – wäre besser beraten gewesen, sich klarzumachen, was die akademische Stellung für Juanita bedeutete. Es hätte am Ende dasselbe herauskommen können, nämlich, daß sie ihren Posten an der Universität aufgab und mit ihm 2000 Meilen weit fortzog. Doch eine einfühlsame Bemerkung, daß Juanita damit sicher ein großes Opfer für ihre Beziehung bringe, hätte für die gemeinsame Zukunft eine ganz andere emotionale Grundlage geschaffen.)

Nach wie vor fallen in unserer Gesellschaft viele dem weitverbreiteten Irrtum anheim, daß es ein exklusiv männliches Vorrecht sei, eine gutbezahlte und persönlich befriedigende Karriere zu verfolgen. Noch immer gibt es Leute mit der festen Überzeugung, Frauen hätten sich für keine andere Rolle als die der Hausfrau und Mutter zu interessieren. Dabei hängt das seelische Wohlbefinden eines jeden Menschen davon ab, daß ihn seine Arbeit ausfüllt und befriedigt. Ein von Passivität und Abhängigkeit geprägtes Leben wird keiner Frau gefallen. Es mag sein, daß viele Frauen das Hausfrauendasein als befriedigend empfinden, und in den meisten Kulturen sind eben die Frauen und nicht die Männer für die Erziehung der Kleinkinder zuständig. Nichtsdestotrotz hat jede Frau das Recht, mit dieser alten Tradition zu brechen. Frauen sind genausowenig wie Männer dazu verpflichtet, ihren Selbstwert allein durch Haushalt und Kinder zu definieren (siehe 13. Irrtum).

Männer *und* Frauen sind in der Lage, einen Partner zu versorgen und für ihn da zu sein, hilfsbereit und fürsorglich zu handeln und außerdem noch eine stabile berufliche Identität zu entwickeln. Ich habe den Eindruck, daß viele Frauen – aber viel weniger Männer – Familie und Beruf miteinander vereinbaren können, ohne eins von beiden zu vernachlässigen. Was mag der Grund dafür sein? Wie uns psychologische Untersuchungen gezeigt haben, werden Jungen in unserer Gesellschaft vor allem zu Autonomie und zur Betonung ihrer Individualität erzogen, während den Mädchen beigebracht wird, hauptsächlich emotionale Beziehungen zu anderen zu pflegen. »Männlichkeit« wird noch immer gleichgesetzt mit Macht und Körperkraft. Mit »Weiblichkeit« assoziiert man am ehesten liebevolle Fürsorge. So gesehen, verbinden viele sogenannte Karrierefrauen »männliche« Autonomie mit »weiblicher« Warmherzigkeit.

Ich wollte in diesem Kapitel vor allem hervorheben, daß es falsch ist, wenn Frauen ihre Karriere für die des Ehemannes drangeben – und es ihm letztlich übelnehmen. Noch schlimmer ist es allerdings, daß manche Ehemänner offenbar nicht wahrnehmen, wie wichtig für ihre Frau der Beruf ist, und automatisch annehmen, daß die eigene Karriere viel wichtiger sei.

17. Irrtum

Will der Partner sich trennen, muß man mit allen Mitteln um ihn kämpfen

In den frühen Morgenstunden rief mich die Frau eines Bekannten an: »Ich weiß nicht mehr, was ich tun soll und an wen ich mich wenden kann«, sagte Vickie, und ihre Verzweiflung war deutlich zu hören. Ich fragte: »Was ist los, was ist denn passiert?« Sie unterdrückte ein Schluchzen und antwortete: »Vor zwei Tagen hat Gerald mir gesagt, daß er sich in eine andere Frau verliebt hat. Er will sich scheiden lassen. Ich kann seitdem nichts mehr essen, nicht schlafen und auch sonst nichts tun – ich habe die ganze Zeit nur geweint. Jetzt habe ich Valium genommen und laufe wie im Nebel herum. Ich weiß nicht mehr, was ich tun soll.« Wie ich weiter hörte, bestand Geralds Verhältnis mit der anderen Frau bereits seit zehn Monaten, und nach der Scheidung wollte er sie sofort heiraten.

Ich gab Vickie einen wohlüberlegten Rat – aber ich wußte, sie würde ihn nicht befolgen. »Laß Gerald und seine Freundin zusammenziehen«, sagte ich. »Laß sie für drei Monate rund um die Uhr zusammenleben. In diesen neunzig Tagen solltest du möglichst gar keinen Kontakt zu ihm haben, aber sieh zu, daß du mit anderen Männern ausgehst. Wenn die drei Monate vorbei sind, triffst du dich einen Abend mit Gerald. Ihr geht zusammen essen und dann schaust du, ob er immer noch so verliebt ist in die andere Frau.« Ich erklärte ihr, daß die romantische Verliebtheit in der Regel eines schnellen, natürlichen Todes stirbt, wenn plötzlich alle Hindernisse aus dem Weg geräumt sind und das Paar ungestört zusammensein kann (siehe 2. Irrtum). Am besten lernt man jemanden kennen, wenn man ein paar Monate mit ihm zusammenlebt; und außerdem ist das die wirksamste Methode, Illusionen zu zerstören.

Wie erwartet, hielt sich Vickie nicht an meinen Rat. Statt dessen stürzte sie sich in einen »heldenhaften« Kampf: Leidenschaftliches, ja hysterisches Betteln und Flehen, Selbstmorddrohungen usw. Das machte sie in den Augen des Ehemannes natürlich nur noch unattraktiver und noch weniger begehrenswert, besonders im Vergleich zu seiner Geliebten, die währenddessen ganz gelassen, aber dennoch emotional sehr engagiert blieb. Als nächstes startete Vikkie einen tätlichen Angriff auf Geralds Geliebte, was (so äußerte er sich einmal mir gegenüber) sie nur um so »pathologischer« erscheinen ließ. Am Ende mußte Vickie den Kampf verloren geben. Dadurch, daß sie ihrem Mann alle möglichen Hindernisse in den Weg gestellt hatte, war die Geliebte für ihn nur noch begehrenswerter geworden, während Vickie ihren eigenen Wert laufend reduziert hatte.

Eine Universitätsassistentin ging mit derselben Situation ganz anders um: Als Elisabeths Mann ihr seine unsterbliche und ewige Liebe zu einer anderen Frau gestand und um die Scheidung bat, sagte sie nur: »Du wirst mir wirklich sehr fehlen!« Sie sagte es ruhig und ohne Groll, aber offensichtlich bewegt. Auf der Stelle erkannte ihr Mann seine Torheit und strich die Segel. In diesem Fall war es die Geliebte, die sich mit Bitten, Flehen, Drohungen und wüsten Anschuldigungen unmöglich machte, als sie von seinem Sinneswandel erfuhr.

Ich habe auch mehrfach erlebt, daß jemand mit Hartnäckigkeit und Sturheit doch verhindert hat, daß der unsterblich in eine andere Person verliebte Partner die Ehe auflöste. Das kann in meinen Augen aber nur ein Pyrrhus-Sieg sein. In einem mir bekannten Fall hatten alle üblichen Taktiken versagt (die Frau hatte sich von den Drohungen und flehentlichen Appellen ihres Mannes nicht beeindrucken lassen), bis Harvey in den Hungerstreik trat. Nach vier Tagen brach Nancys Entschlossenheit zusammen, und sie gab alle Trennungspläne auf. Sie beendete die außereheliche Liaison und lebte unglücklich und in Unfrieden an Harveys Seite weiter – im Grunde immer mit dem Wunsch, sich bald eine Kugel in den Kopf zu jagen.

Es ist immer eine ernste Angelegenheit, wenn eine Ehe zerbricht, und es ist verständlich, daß man sich zuerst dagegen wehrt und den anderen nicht loslassen will. Vielleicht ist ein halber Laib Brot besser als gar nichts, aber kann man denn wirklich von einer halben Scheibe oder auch nur ein paar Krumen emotional satt werden? Wenn einer der Partner ernsthaft die Trennung will, jedoch aus Mitleid, Angst, finanziellen Gründen oder Schuldgefühlen bleibt – was für eine Beziehung kann das noch sein?

Verleugnung spielt in solchen Dingen eine große Rolle. Als Olga ihrem Mann Ralph erklärte, daß sie ihn bereits seit Jahren nicht mehr liebe, aber bisher nicht den Mut und das Geld aufgebracht habe, sich von ihm zu trennen, betrachtete er das als »eine vorübergehende Phase, die sie gerade durchmacht«, und wollte ihre Äußerungen nicht ernst nehmen. Als mehrere Wochen vergangen waren und Olga bei ihren Trennungsabsichten blieb, behauptete Ralph immer noch konstant, daß »sie es nicht so meint«. Olga sagte mir, wie tief ihr Ralph zuwider sei, wie sie seine Tierquälereien und sein herrisches Auftreten gegenüber den Kindern verabscheue genau wie seine Rechthaberei und seine schnell gefaßten Vorurteile. Sie schilderte seine Boshaftigkeit und Gehässigkeit und eine Vielzahl anderer negativer Eigenschaften. Dank einer großzügigen Erbschaft konnte sie nun aber, nach »zwölf Jahren Zuchthaus«, an ein anderes Leben denken. Als ich mit Ralph sprach, machte ich ihm deutlich, daß Olgas Antipathie keineswegs eine vorübergehende Stimmung sei. Trotzdem weigerte er sich »aus Prinzip«, sie freizugeben (Olga und Ralph lebten in einem Land, in dem es außerordentlich schwer ist, eine Scheidung durchzusetzen, die ein Partner anficht).

Ralph machte nie deutlich, warum er Olga zwang, mit ihm verheiratet zu bleiben. Eigentlich mußten die letzten acht Jahre für ihn genauso trostlos gewesen sein wie für sie. Es gab keinerlei Zuneigung mehr zwischen den beiden; das eheliche Geschlechtsleben hatte sich auf (wie Olga es nannte) »ein paar Vergewaltigungsszenen pro Jahr« reduziert; im Haushalt mußte Ralph sich selbst versorgen. Oft genug schrie Olga ihn an: »Ich hasse dich!«, »Wenn du nur tot wärst!« und ähnliches. Als sie ihm sagte, daß es einen anderen Mann in ihrem Leben gebe, bekräftigte er nur, daß er sie niemals freigeben würde: »Aus Prinzip nicht.«

Schließlich erreichte Olga dennoch ihr Ziel. Sie gab eine Erklärung ab, die den meisten Menschen wohl das Blut in den Adern stocken ließe. Eines Morgens empfing sie ihn mit ungefähr den folgenden Worten: »Ralph, heute nacht habe ich etwas Wunderschönes geträumt. Der Traum war so nah, so lebendig, als wäre es Wirklichkeit; ich träumte, du seist tot. Ich war so glücklich, es war so herrlich für mich, daß ich laut zu singen anfing. Als ich dann wach wurde und merkte, daß ich nur geträumt hatte, brach ich in Tränen aus. Ich wünsche mir, daß du tot bist, Ralph. Dein Tod bedeutet mir inzwischen mehr als mein eigenes Leben. Und deshalb will ich dich fairerweise warnen – sei auf der Hut! Wenn ich an deiner Stelle wäre, würde ich von nun an aufpassen, ob nicht gelegentlich zerstoßenes Glas oder Arsen im Essen ist.« Zuerst lachte Ralph nur darüber, aber nach ein paar Tagen ließ er Olga wissen, daß ihm klargeworden sei, daß sie seiner nicht würdig sei. Und sie bekam ihre Scheidung.

»Geh nicht dorthin, wo man dich ablehnt, und bleibe nicht, wo man dich nicht mag.« Das ist mehr als ein Kalenderspruch: es ist der entschiedene Rat, eine Beziehung nicht länger aufrechtzuerhalten, wenn man nur noch geduldet oder bemitleidet wird. Manche Menschen klammern sich vielleicht an ihren Partner, weil sie glauben, die Liebe wieder neu beleben zu können. Dann sind sie ein Opfer des 18. Irrtums.

18. Irrtum

Erloschene Liebe läßt sich wieder neu entfachen

Allzu häufig habe ich erlebt, daß eine emotional und geistig tote Beziehung weitergeführt wurde, eine Beziehung, in der Liebe, Zuneigung und gegenseitige Fürsorge seit langem versiegt waren. Wenn sich jemand schließlich aus solch einer bedrückenden Verbindung lösen kann, sagt er hinterher häufig, es sei, als habe er aus einem stickigen, dunklen Tunnel herausgefunden und stehe plötzlich im hellen, warmen Sonnenschein. Oder es heißt: »Mir kommt es vor, als sei ich all die Jahre wie blind umhergetappt, und nun fällt es mir wie Schuppen von den Augen.«

Was hält solche desolaten, verödeten Ehen dennoch aufrecht?

Viele dieser Beziehungen bleiben bestehen, weil sich die Partner aus neurotischen Ängsten aneinander klammern. Andere wiederum werden wegen »der Leute«, aus religiösen Gründen, aufgrund finanziellen Drucks oder ähnlicher Zwänge aufrechterhalten. Manche Menschen stehen vor den Trümmern ihrer Illusionen, wenn die Ehe sehr viel weniger hält, als sie sich davon versprochen hatten, und trotzdem schlagen sie sich lieber weiter tagein, tagaus mit ihren Eheproblemen herum, als die Beziehung zu beenden.

Gibt es in einer Ehe auch nur ein Mindestmaß an Zusammenhalt, eine Spur von Zuneigung und einfühlendem Verstehen, dann ist es verständlich, daß das Paar vor Trennung und Scheidung zurückscheut. Partnerschaft, Zuneigung und Verständnis sind für die meisten Menschen jene Faktoren, die eine glückliche Ehe ausmachen. Aber dennoch gibt es allzu viele unglückliche Ehen, in denen Mann und Frau einander nur noch verachten, beide fast alles am anderen stört und jeder beim geringsten Anlaß an die Decke geht.

Beim 17. Irrtum habe ich Situationen geschildert, in denen ein

Ehepartner seine Freiheit wiederhaben will, während der andere die Ehe weiterführen möchte. Hier jedoch geht es um die »Hölle zu zweit«, wo keiner bestreitet, daß die Liebe tot ist, und trotzdem an der Situation nichts geändert wird.

Gordon und Mary waren seit neunzehn Jahren verheiratet; beide sagten von den vergangenen siebzehn Jahren, sie seien »fürchterlich« gewesen. Schon im ersten halben Jahr ihrer Ehe gab es Probleme, aber das nahmen sie nicht ernst. »Schließlich gibt es keine Familie«, stellte Gordon richtig fest, »in der es keine Probleme gibt.«

Allerdings: Wenn nur jene Paare verheiratet blieben, die keinerlei Probleme haben, dann läge die Scheidungsrate bei hundert Prozent! In *glücklichen* Ehen jedoch haben die Partner sich entweder mit ihren Problemen abgefunden, oder sie haben wirksame Strategien entwickelt, die Probleme gleich bei deren Auftreten zu lösen.

Als ich mir anhörte, was Gordon und Mary über ihre Ehe berichteten, wurde mir klar, daß sie sich keineswegs mit ihren Problemen abgefunden, geschweige denn sie gelöst hatten. Sie hatten statt dessen Abwehrhaltungen entwickelt, die bald jeden nichtigen Anlaß zur existenziellen Krise eskalieren ließen. Schließlich und endlich, nach Jahren unglücklichen Zusammenlebens, beschloß das Paar, das keine Kinder hatte, sich scheiden zu lassen. Sie kamen zu mir, um vor einem ersten Kontakt mit den Anwälten mit mir ein Scheidungsarrangement auszuarbeiten. Was die Finanzen und die Aufteilung des vorhandenen Besitzes anging, gab es keine Probleme. Schon nach zwei Sitzungen hatten sich die beiden über alle anstehenden Hauptpunkte (Haus, Autos, Sparkonten usw.) geeinigt und waren sehr erleichtert, daß das Ehedrama nun ein Ende finden würde. Es ergab sich folgendes Gespräch:

ICH: Warum hat es so lange gedauert?

MARY: Reine Dummheit!

GORDON: Ja, Dummheit und auch Trägheit.

MARY: Und ich muß auch noch etwas anderes eingestehen: Sentimentalität. Ich kann ja nicht für Gordon sprechen, sondern nur für mich; ich bin so sentimental, daß es manchmal schon an Schwachsinn grenzt. Immer wieder habe ich geglaubt, irgendwann würde es wieder besser werden.

ICH: Von allein? Ich meine, *warum* glaubten Sie denn, daß es besser würde?

MARY: Da kann ich auch wieder nur für mich sprechen. Ich habe immer daran gedacht, wie wundervoll es war, als wir verlobt waren – jedenfalls habe ich es so in Erinnerung.

GORDON: Das stimmt, damals war es wunderbar. Ich würde sagen, auch im ersten und zweiten Jahr nach der Heirat sind wir noch ganz gut zurechtgekommen.

MARY: Ja. Es war zwar nicht der Himmel auf Erden, aber es war so, wie die meisten Ehen halt sind, und bestimmt besser als so manche andere.

ICH: Und dann?

MARY: Ich weiß nicht, ob man sich genauso, wie man sich *ver*liebt, auch *ent*lieben kann. Aber ich würde sagen, das ist es, was passierte: Ich habe mich entliebt.

ICH: Kam das plötzlich oder nur allmählich, vielleicht sogar zunächst gegen Ihren Willen?

MARY: Sie mögen es lachhaft finden, aber es kam ganz plötzlich. Fragen Sie mich nicht, wann, wo und warum, aber ich erinnere mich, daß ich eines Tages feststellte, daß nicht nur ich Gordon nicht mehr liebe, sondern daß *wir uns* nicht mehr lieben.

GORDON: Das kann ich bestätigen. Wie gesagt, wir haben uns nicht geprügelt oder mit Gegenständen beworfen. Wir entwikkelten vielmehr beide einen schwelenden Haß, der uns von innen her auffraß. Mittlerweile habe ich Magengeschwüre, und Mary hat Migräneanfälle. Auch ich erinnere mich, daß an irgendeinem Punkt etwas in mir umschlug – von da an wußte ich, ich liebe sie nicht mehr.

MARY: Natürlich sprachen wir von Scheidung. Ein oder zweimal haben wir sogar schon vorbereitende Gespräche mit den Anwälten geführt.

ICH: Und dann?

GORDON: Wie ich schon sagte: Trägheit.

MARY: Es kam noch etwas hinzu. Meine beste Freundin ist geschieden und erzählt mir immer, was man als geschiedene Frau alles durchmacht. Sie kennen ja das alte Sprichwort: »Der Teufel, den du kennst, ist besser als der, den du nicht kennst.« Und außerdem glaubte ich, daß wir ein paar von den alten Gefühlen doch wieder zum Leben erwecken könnten. Es ist so schwer, die Hoffnung aufzugeben.

ICH: Und nach vielen Jahren haben Sie die Hoffnung dann doch aufgegeben?

MARY: Ich möchte Sie dazu etwas fragen: Ist es möglich, eine tote Ehe wiederzubeleben?

ICH: Kann man ein totes Pferd oder einen toten Käfer wieder lebendig machen? Tot ist tot. Ein erloschenes Feuer kann man nicht mehr anfachen. Wenn es aus ist, kein Funken mehr da, dann muß man ein neues Feuer machen. Wiederbeleben, zu neuem Leben erwecken kann man etwas oder jemanden nur, wenn noch eine Spur von Leben vorhanden ist, wenigstens ein Funke oder ein bißchen glimmende Glut.

GORDON: Ich glaube, da haben Sie recht.

MARY: Meinen Sie also, daß man die alten Gefühle niemals wieder aufleben lassen kann?

ICH: Nun, Sie können ja auf Ihre eigenen Erfahrungen zurückgreifen. Sie haben es probiert. Haben Sie es geschafft?

MARY: Ich verstehe, was Sie meinen.

Manch einer glaubt, Liebe könne man erzwingen, man müsse es nur richtig anstellen. Aber Liebe läßt sich nicht diktieren. Unsäglich viel Zeit und Energie werden darauf verschwendet, die Liebe eines anderen »gewinnen« zu wollen. Eine Cousine von mir paßte sich bis zur Selbstverleugnung dem Geschmack ihres Mannes an, um seine Liebe zurückzugewinnen. Sie lernte Golf spielen – um ihm zu gefallen. Nachdem sie in den letzten zehn Jahren kaum mehr als ein Ei gekocht hatte, trat sie nun einem Feinschmecker-Club bei und servierte daheim üppige Menüs (wobei sie laufend das alte Klischee zitierte, Liebe gehe durch den Magen). Sie ließ sich die Haare blondieren (sie glaubte, das sei ganz nach seinem Geschmack) und begeisterte sich plötzlich für die Tiefseefischerei (von der sie die ganzen Ehejahre über nichts hatte wissen wollen). Half ihr das, die Liebe des Ehemannes zurückzugewinnen? Im Gegenteil. Er beobachtete all diese Wandlungen nur mit Mißtrauen und meinte schließlich, sie sei wohl »übergeschnappt«.

Wenn Liebe erloschen ist, bleibt sie unwiderruflich tot. Versuche, etwas wiederzubeleben, das tot ist, sind ungefähr so sinnvoll wie die Mund-zu-Mund-Beatmung an einer Leiche.

19. Irrtum

Konkurrenz zwischen den Partnern belebt die Beziehung

Wenn ein Paar miteinander konkurriert, ist das ungefähr so sinnvoll, als würde es Ziegelsteine ins Wohnzimmerfenster werfen. Konkurrenz wirkt auf jede Beziehung regelrecht zersetzend. Heimtückisch zerfrißt sie unweigerlich Vertrauen und Zusammengehörigkeitsgefühl, worauf jede gute Ehe gründet. Wenn man sich gegenseitig übertreffen möchte, leiden darunter die Grundlagen gegenseitigen Vertrauens ebenso wie das gemeinsame Streben nach gemeinsamen Zielen – also das, was ein glückliches Zusammenleben charakterisiert.

In einer guten Partnerschaft herrschen Kooperation, Zusammenhalt und eine gewisse Übereinstimmung in den Verhaltensmustern vor. In Beziehungen, die von Konkurrenz geprägt sind, strebt jeder nach der Führungsposition und beide verhalten sich wie Rivalen statt wie ein Team. Wenn die Ehe zum Wettbewerb und Zweikampf wird, überwiegen Zank und Streit, wenn nicht sogar hinterhältiges Taktieren. Dabei ist es doch absurd, wenn Mann und Frau ihre Energien gegeneinander wenden, anstatt mit vereinten Kräften den Herausforderungen der Außenwelt zu begegnen.

Konkurrenz hat in unserer Gesellschaft einen hohen Stellenwert. Wo wäre unsere grandiose Nation heute ohne den (oft blutbefleckten) amerikanischen Ehrgeiz? »Du mußt der Beste sein! Du mußt an der Spitze stehen! Nur als Nummer 1 giltst du etwas!« Einige Psychologen haben schon darauf hingewiesen, daß wir mit durchaus widersprüchlichen Erwartungen konfrontiert sind: Auf der einen Seite wird uns eingetrichtert, daß man auf jeden Fall gewinnen und alle anderen übertreffen muß, zur gleichen Zeit wird aber auch überall an uns appelliert, kooperativ zu handeln, uns sportlich-fair zu verhalten und ein gutes Teammitglied zu sein. Das stiftet Verwirrung: Sollen wir denn nun konkurrieren oder kooperieren?

Es ist beklagenswert, wie viele Menschen sich dafür entscheiden, gegen den eigenen Partner anzutreten und in ihm einen Rivalen oder Feind zu sehen. Erst nach Jahren des Streitens und Sich-Bekämpfens fragen sich diese Paare schließlich: »Was haben wir falsch gemacht?« Und dann ist es oft zu spät.

Ich sollte vielleicht näher erläutern, welche Art von Konkurrieren meines Erachtens der Ehe Schaden zufügt. Wenn ich zum Beispiel gegen meine Frau Tennis spiele, spiele ich dann hart, versuche ich, Punkte zu machen und zu gewinnen? Ja, das tue ich. Aber ist das nicht jenes ungesunde Konkurrenzverhalten, von dem ich gerade sprach? Nein, keineswegs. Mein hartes Spiel und der Wunsch, Punkte zu machen, bedeuten nur, daß ich ein gutes Spiel machen möchte; es soll mir Spaß machen, ich will mein eigenes Können genießen, wenn der Ball wirklich dort landet, wo ich ihn haben wollte. Es macht mir weder Spaß, von einem haushoch überlegenen Spieler vom Platz gefegt zu werden, noch mag ich jemanden besiegen, der bedeutend schwächer spielt als ich. Keiner der Beteiligten hat Freude an solchen Spielen. Es macht einfach mehr Vergnügen, von einem ungefähr gleichwertigen Spieler herausgefordert zu werden und sich dann ein gutes Match zu liefern. Das ist also *nicht* jene verhängnisvolle Konkurrenz, die nur destruktive Konsequenzen hat.

Trotzdem gibt es auf dem Tennisplatz oder am Bridgetisch oft genug Streit und flammende Auseinandersetzungen, wenn Mann und Frau im Doppel auf derselben Seite des Netzes spielen bzw. sich beim Bridge gegenübersitzen. Eine Unachtsamkeit, ein Versehen oder eine falsche Ansage können beim Partner einen Aufschrei hervorrufen, den nur noch ein Rhinozeros im Todeskampf übertreffen könnte. Man glaubt dann schier, ein Menschenleben stünde auf dem Spiel. Wir alle haben erlebt, wie Ehepaare den Ort der Entspannung und Erholung mit zornfunkelnden Augen und Haß im Herzen verlassen haben. Diese Art von Konkurrenz ist ausgesprochen unheilvoll, aber noch lange nicht so schlimm wie das, was ich als »Ego-Konkurrenz« bezeichnen möchte.

Wenn die Leute anfangen, ihr ganzes Selbst in »die Waagschale zu werfen«, nimmt die Destruktion schnell ernste Ausmaße an. Unter Ego-Konkurrenz verstehe ich, daß Selbstwert und Selbstachtung, vielleicht sogar das Selbstkonzept einer Person in den Dienst des Wettstreits gestellt werden. Paare, die einen solchen Ego-Krieg beginnen, werden nicht nur feindselige Rivalen, wenn sie bei irgendeinem Spiel gegeneinander antreten, sondern überall, bei jeder Gelegenheit: in der Unterhaltung mit Freunden (dann wollen sie einander ausstechen), im Umgang mit den Kindern (beide wollen jeweils mehr als der andere geliebt werden), und in allen Situationen, in denen Geld, Sicherheit und Status eine Rolle spielen.

Menschen in Ego-Konkurrenz versuchen ständig, sich und dem andern zu beweisen, daß sie mindestens gleich gut, wenn nicht besser als der andere sind. Solche Paare sind in fast allen Punkten unterschiedlicher Meinung – welchen Präsidenten man wählt, wofür man Geld ausgibt, wie die Kinder zu erziehen sind, wie man Fenster putzt usw. Ihr Umgang miteinander ist ein einziges Rivalisieren; keiner wagt es mehr, seine Wachsamkeit auch nur einen Moment lang aufzugeben. Jede Situation bedeutet Bedrohung, denn man muß mit allem rechnen und schauen, daß man auf jeden Fall die Oberhand behält.

Der ständige Kampf um alles und jedes zwingt beide Parteien, laufend auf sein/ihr Recht zu pochen. Niemals hört der Zweikampf auf: Immer wieder will einer über den anderen siegen, und immer wieder sind dabei beide Verlierer. Keiner kann mehr irgend etwas trauen, das vom anderen kommt; selbst Gesten der Zuneigung werden mißtrauisch hinterfragt. »Glaubt er, er kann mich für dumm verkaufen?« – »Sie will mich nur hereinlegen!«

Als wir kürzlich zu einem Abendessen eingeladen waren, erlebte ich ein Ehepaar – beide berufstätig –, das den ganzen Abend lang um die Vorherrschaft rivalisierte. Wenn er sprach, korrigierte sie ihn; wenn sie das Wort ergriff, behauptete er prompt das Gegenteil. Als der Ehemann einen Witz zu erzählen begann, rief seine Frau sogleich verärgert: »Sei still, das ist mein Witz!« Er gab nach, und sie erzählte die Geschichte zu Ende. Später, als sie uns von einem Wochenendurlaub in Vermont berichtete, bestand er darauf, daß sie nun schwieg, denn die Vermont-Geschichte sei »seine«. Als sie sich weigerte, wurde die Atmosphäre äußerst gespannt. Die beiden hätten sich unzweifelhaft in einen öffentlichen Zweikampf gestürzt, wenn nicht unsere geistesgegenwärtige Gastgeberin die Frau aus dem Raum gebeten hätte – unter dem Vorwand, sie müsse etwas ganz Privates mit ihr besprechen.

Rivalisierende Paare greifen häufig zu Einschüchterungen und Drohungen; manchmal werden sie dabei auch recht bösartig. Solche gefährlichen und ungesunden Ego-Konkurrenzkämpfe sind nicht der Sinn einer Beziehung. Wenn Mann und Frau keine gemeinsamen Ziele und Interessen haben, ist der eigentliche Sinn der Ehe dahin. Eine Ehe, die zu erhalten sich lohnen würde, muß deutliche Anzeichen von Anteilnahme, Zusammenhalt und der Fähigkeit, Konflikte gemeinsam zu lösen, aufweisen. Nur in einer Beziehung ohne Rivalität kann man genügend Vertrauen und Zuversicht entwickeln – nicht nur um zusammenzuarbeiten, sondern um eine echte Gemeinschaft zu bilden.

Ob es uns gefällt oder nicht, Konkurrenz ist ein Schlüsselbegriff unserer Zivilisation. Man kann sich auf dem Tennisplatz, beim Bridge und bei anderen Freizeitbetätigungen darauf einlassen – aber als Basis für eine Beziehung ist sie ungesund!

20. Irrtum

Leben wir erst zusammen, mache ich aus meinem Partner einen neuen Menschen

Viele bringen einen »Pygmalion-Komplex« in den heiligen Stand der Ehe mit. Wie Henry Higgins in Shaws berühmtem Schauspiel (und dessen bekannterer Musical-Version »My Fair Lady«), wollen viele Eheleute ihren Partner umerziehen und umformen. »Wenn wir erst verheiratet sind«, vertraut eine junge Frau nach ihrer Verlobung der Freundin an, »werde ich aus Mel einen ganz neuen Menschen machen.« Aber Mel ist mit seinem alten »Ich« vielleicht ganz zufrieden und hat gar nicht das Bedürfnis, »neu aufgebaut« zu werden. Oder er hat, was noch schlimmer wäre, seinerseits die Vorstellung, aus seiner Braut erst »eine wirkliche Frau« zu machen!

George Hart stammte aus einer angesehenen und wohlhabenden Familie, aber sie war längst nicht so prominent wie die Familie seiner Verlobten. Als das Aufgebot für George und Selma Ritter bestellt war, erzählten Georges Eltern überall herum, was für ein Glückspilz ihr Sohn sei. Die Ritters waren von der Wahl ihrer Tochter weit weniger begeistert, aber klug genug, deren fester Entschlossenheit nichts entgegenzustellen. Allenthalben bemerkten sie taktvoll, der junge George sei ein »ungeschliffener Diamant« und müsse noch »beträchtlich bearbeitet« werden, bevor er wirklich George Ritter-Hart sein könne. Selma war ganz derselben Meinung und versicherte ihren Eltern immer wieder, er sei ein gelehriger Schüler.

Vor der Hochzeit (deren Organisation Selma souverän dirigierte) wurde Georges komplette Garderobe ausgewechselt, er bekam einen neuen, sportlichen Haarschnitt, rasierte seinen Schnurrbart ab und fuhr ab sofort ein anderes Auto. Er wurde, wie Selma sich ausdrückte, »sehr viel eleganter«. Bei der Hochzeit tanzte Frau Ritter mit ihrem neuen Schwiegersohn und ließ ihn dabei wissen, sie sei von seinen Freunden nicht sehr angetan. Insbesondere störte sie die empörende Tatsache, daß sein bester Freund einer anderen Religion angehörte. Wörtlich sagte sie: »In unserer Familie paßt man sich an, oder man gehört nicht dazu.«

Obwohl Selma sich schon nach dem zweiten Rendezvous zu Georges Beraterin, Erzieherin und Styling-Expertin ernannt hatte (er hatte im Restaurant einen »falschen« Wein bestellt und bei der Menüwahl ein paar französische Wörter falsch ausgesprochen), begann Georges »Neuerschaffung« erst richtig nach der Heirat.

Zuerst einmal mußten seine »ungehobelten« Freunde ausgeschaltet werden; zweitens war Schluß damit, daß er Sonntag morgens Fußball, Baseball oder Volleyball spielte (worauf er sich stets die ganze Woche lang gefreut hatte), statt dessen hatte er für irgendwelche Haushaltsarbeiten zur Verfügung zu stehen (siehe 10. Irrtum). »Du bist jetzt ein verheirateter Mann«, pflegte Selma zu sagen, »jetzt hast du eine Frau, für die du dasein mußt.« Im Fernsehen Fußball, Boxen oder ähnliche Sportereignisse zu verfolgen, paßte nun nicht mehr zu seinem »neuen Status«. Sein Musikgeschmack mußte ebenfalls »revidiert« werden – genaugenommen bedurfte Georges gesamte ästhetische Orientierung einer gründlichen Überarbeitung. Sex stand nur an, wenn Selma es wünschte, und dann immer nur so, wie es die »Schicklichkeit« zuließ, also nach dem Motto: Licht aus, Hände weg.

Als George mir vier Monate nach seiner Eheschließung gegenübersaß, war er, gelinde gesagt, unglücklich und völlig durcheinander. Nachdem er mir seine Geschichte erzählt hatte, schien mir, das Leben mit Selma bringe ihm bestenfalls soviel Freude wie die Gefangenschaft in einem türkischen Gefängnis. »Was fanden Sie denn an Selma so anziehend?« fragte ich ihn. »Wie Sie vielleicht wissen, gehören die Ritters zu den allerbesten Kreisen. Ich war einfach geblendet von all dem Glanz, den Statussymbolen und den Äußerlichkeiten, die mich in die Falle gehen ließen.« Ich fragte, ob Selma wohl zu einem Gespräch mit mir bereit wäre, damit wir gemeinsam überlegen konnten, ob die Ehe zu retten sei. Selma weigerte sich. »Wir Ritters glauben nicht an derlei Dinge.« Die Ehe wurde annulliert.

George hatte nur ein paar Monate gebraucht, um sich darüber klar zu werden, daß er in einen Kampf bis aufs Messer geraten war. Aber ich habe Dutzende von Ehepaaren über *Jahre* hinweg im vernichtenden Clinch miteinander gesehen, wenn einer versuchte, den anderen nach seinen Vorstellungen zu formen und beide dabei zutiefst frustriert und aufgerieben wurden.

Die Arroganz jener Menschen, die darauf bestehen, ihre Sicht der Welt sei die einzig richtige, wird nur noch von der jener Zeitgenossen übertroffen, die sich berufen fühlen, diese Sichtweise auch noch anderen aufzuzwingen!

Die Vorstellung, ein Mann oder eine Frau habe das Recht, den Ehepartner zu »erziehen« und zu ändern, geht Hand in Hand mit der Haltung »Nach der Hochzeit wird alles besser«. Im Gegenteil: Wenn etwas vor der Hochzeit nicht in Ordnung ist, wird es nach der Hochzeit eher *schlimmer!* Einem Menschen, der jähzornig, selbstsüchtig, sexuell uneinfühlsam und aufdringlich ist, jedoch verspricht, daß »alles besser wird, wenn wir nur erst verheiratet sind«, sollte man als möglichem Partner mit äußerster Skepsis und Zurückhaltung begegnen.

Viele Menschen tragen auch »Errettungsphantasien« mit sich herum. Ich bezeichne das als »Dick-Diver-Syndrom« (nach F. Scott Fitzgeralds Erzählung *Zärtlich ist die Nacht,* in dem der Psychiater Dick Diver sich in seine Patientin Nicole verliebt, sie heiratet und schließlich selbst als seelisches und körperliches Wrack endet). Besonders Ärzte neigen zu solchen Phantasien. Ich kenne etliche Ärzte, die eine Frau heirateten, die zunächst ihre Patientin war, und dies auch blieb. In der Tat können sich viele Ärzte nur zu kranken Menschen angemessen verhalten; solange jemand liegt, kann der Doktor am Krankenbett wohltuend freundlich und fürsorglich sein. Und wenn der Patient sich erholt hat, zieht sich der Arzt zurück.

Ehen, die auf Errettungsphantasien des einen oder gar beider Partner beruhen, sind immer außerordentlich vielschichtig und komplex, aber das Ergebnis läßt sich in der Regel voraussagen: Um das Bedürfnis des »Retters« nach Macht, Überlegenheit und

Kontrolle zu befriedigen, muß der »Empfänger« seiner Segnungen ununterbrochen bedürftig bleiben (oder scheinen). Solche Beziehungen halten selten den ehelichen Erfordernissen einer gemeinsamen Entwicklung stand. Meistens stellt sich dann heraus, daß der »Erretter« emotional viel bedürftiger ist als derjenige, der angeblich gerettet werden sollte. Und die Retter meinen immer, einen Anspruch auf lebenslange Dankbarkeit des anderen zu haben, während die Opfer damit hadern, daß sie sich bis in alle Ewigkeit verpflichtet fühlen müssen.

»Wir haben aus den falschen Gründen geheiratet«, sagen häufig solche Paare, bei denen einer den anderen ändern oder »erretten« wollte.

Die Moral von der Geschicht? Heiraten sollte man auf der Grundlage von Übereinstimmungen, Entsprechungen und gegenseitiger Zuneigung, wenn also ein Gleichklang der Interessen, Geisteshaltungen und Gefühle die gegenseitige Anpassung leicht macht und keine grundsätzlichen Änderungen von einem Beteiligten erfordert. Und überlassen Sie das Retten den Rettungsschwimmern, Feuerwehrmännern und Notärzten!

21. Irrtum

Gegensätze ziehen sich an

Es ist nicht ungewöhnlich, daß ein extrovertierter, lebhafter und spontaner Mensch sich zu jemandem hingezogen fühlt, der eher nachdenklich, zurückhaltend und introvertiert ist. Unsichere Leute suchen sich vielleicht einen Partner vom Typ »stark und schweigsam«, der Stabilität und Sicherheit erwarten läßt. Die mehr auf Stetigkeit bedachten, stark kontrollierten Charaktere erleben spontanere Menschen als besonders warmherzig, vital und lebensbejahend und erwarten, daß sie dem Ernst des Lebens ein Gegengewicht bieten.

Manchmal ziehen sich solche Gegensätze in Charakter und Lebensweise wirklich an. In einer Freundschaft und in Liebesbeziehungen geht dies meist gut, und in der Tat findet man im Partner ja auch eine Ergänzung, die die eigenen Schwächen und Neigungen zu kompensieren scheint. Wenn zwei völlig gegensätzliche Menschen jedoch heiraten, prallen die unterschiedlichen Lebensstile hart aufeinander. »Ihre« Überschwenglichkeit und Sprunghaftigkeit geben Anlaß zu ständigen Reibereien, »seine« Stetigkeit und vorhersehbaren Reaktionen lassen lähmende Langeweile aufkommen. Er zieht sich zurück, woraufhin sie sich abgelehnt fühlt; sie versucht verzweifelt, wieder an Terrain zu gewinnen, er aber fühlt sich gekränkt und zieht sich nur noch weiter zurück. Bald entbrennt ein Machtkampf, und beide greifen auf Taktiken zurück, die echte Nähe – die sich beide in Wirklichkeit wünschen – gar nicht mehr aufkommen läßt.

Diese unglückliche Sequenz kenne ich aus der psychologischen Literatur genauso wie aus meiner eigenen klinischen Beobachtung. Stark gegensätzliche Charaktere ziehen sich vielleicht für eine gewisse Zeit an und wirken anregend aufeinander. Langfristige Beziehungen aber entwickeln sich nur dann positiv, wenn Übereinstimmungen und Entsprechungen überwiegen.

In einer Ehe, in der ein Partner übermäßig pingelig und wählerisch ist, muß es immer wieder zu Reibereien kommen, wenn der andere Partner eher unordentlich und nachlässig ist. Der hier angesprochene Irrtum suggeriert, daß eitel Harmonie herrschen wird, weil ja der perfektionistische Partner nichts lieber tut, als hinter dem anderen herzuräumen – besonders wenn dieser es zu schätzen weiß, daß ihm jemand alles in Ordnung hält.

Wenn aber der ordnungsliebende Partner ständig herumnörgelt, der andere solle doch mehr putzen, besser Ordnung halten und aufräumen, beeinträchtigt das fast immer auch wichtigere Bereiche der Beziehung und endet schließlich im unversöhnlichen Gegensatz. Ich habe zahllose Ehepaare behandelt, weil entweder eine extrem zwanghafte Hausfrau ihren Mann in die Trunksucht getrieben hatte oder ein stolzer Hausherr von seiner Frau einen derartig rigiden Perfektionismus forderte, daß sie einen Nervenzusammenbruch erlitt.

Wie ich in diesem Buch immer wieder betone, sind in einer Ehe Übereinstimmungen und Gleichklang notwendig und nicht Gegensätze. Ich kenne eine recht glückliche Ehe, in der beide Partner extrem zwanghaft sind. In trauter Einigkeit arbeitet das Paar Hand in Hand, poliert gemeinsam die Messing-Türklinken seines Hauses, wienert den Parkettfußboden, daß er nur so blinkt, wischt alle Wände gründlich ab und hat ständig irgendwelche kleineren Reparaturen zu erledigen (mir kommt das Haus immer wie ein Museum vor, aber anscheinend sind sie glücklich darin). Wenn andere Leute Picknicks veranstalten, segeln, am Strand liegen oder Tennis spielen, bleibt dieses Paar lieber zu Hause und putzt. Hätte einer von ihnen einen weniger zwanghaften Partner geheiratet, hätte es sicher große Schwierigkeiten gegeben (zwanghafte Menschen sind für gewöhnlich von Natur aus rigide und können nur schwer Zugeständnisse machen).

Wenn Menschen mit gegensätzlichen Ansichten und unterschiedlichem Geschmack über längere Zeit zusammen sind, sind an bestimmten Punkten Zusammenstöße unvermeidlich.

– Stellen Sie sich ein Ehepaar vor, bei dem der eine sich gern mit anderen Leuten unterhält und gern über seine Gefühle und Ideen spricht, während der andere ein sehr zurückgezogener Mensch ist, der die Einsamkeit liebt und gern allein ist.

– Oder stellen Sie sich einen sehr geselligen Menschen vor, der gern unter Leuten ist und viele verschiedene Menschen kennenlernen möchte, dessen Ehepartner aber den meisten Menschen ein tiefes Mißtrauen entgegenbringt und im Grunde niemanden leiden kann.
– Oder nehmen wir eine feurige, leidenschaftliche und sexuell sehr aktive Natur, die mit jemandem zusammenlebt, dessen Sexualtrieb eher schwach entwickelt ist.
– Stellen Sie sich einen Geizhals vor, der mit jemandem verheiratet ist, der das Geld mit vollen Händen ausgibt.

Was gäbe es bei solchen Allianzen für Unglück und Krisen!

Eine glückliche Beziehung setzt voraus, daß die (immer vorhandenen) Unterschiede von *grundsätzlichen* Übereinstimmungen aufgewogen werden. Große Konflikte entstehen zum Beispiel über Fragen der Kindererziehung, und viele Scheidungen kommen wegen unüberbrückbarer Gegensätze dieser Art zustande. Oder wenn die Auffassungen darüber, was Spaß macht und womit man die Freizeit verbringen möchte (Sport, Urlaub, Ausflüge), sehr voneinander abweichen, lassen sich Probleme kaum vermeiden. Und auch da, wo tiefgreifende Differenzen in Werthaltungen und Überzeugungen deutlich werden (Selbstverständnis, Religion, politische Orientierung), sind Streit und Ungemach so gut wie sicher.

Der Irrtum »Gegensätze ziehen sich an« hat seinen Ursprung vielleicht darin, daß *manche* Gegensätze tatsächlich bereichernd, anregend, manchmal sogar aufregend und faszinierend sein können. Nur ein absoluter Narziß wäre darauf aus, ein Spiegelbild seiner selbst zu heiraten! Allerdings besteht ein wesentlicher Unterschied zwischen der Feststellung, kleinere Unterschiede könnten sich durchaus belebend auswirken, und der Behauptung, Gegensätze würden eine gute Beziehung garantieren.

22. Irrtum

Beziehungsprobleme soll man nicht nach außen tragen

Vor einigen Jahren erst wurde mir richtig klar, was diese Einstellung für Folgen haben kann. Ein guter Freund sprach sich bei mir über seine Ehe aus. Er gestand mir, daß es, obwohl er seine Frau liebe, manchmal schwierig für ihn sei, mit ihr auszukommen. Er berichtete von ihrer Launenhaftigkeit und daß sie oft unleidlich sei, und fügte hinzu, daß sie in allem nur das Schlechte sehe und zudem sexuell stark gehemmt sei.

Als ich mir das alles angehört hatte, meinte ich, daß vielleicht eine Paartherapie angebracht sei. »Ich fürchte, das kommt nicht in Frage«, sagte er. Er schwieg ein paar Sekunden und erläuterte dann: »Rose ist absolut gegen jede Form von Beratung und Therapie. Sie meint immer, über persönliche Dinge solle man mit Außenstehenden nicht sprechen.« Er sagte weiter, wenn Rose jemals erfahre, daß er mir Einzelheiten über ihre Beziehung erzählt hatte, »dann ist bei uns zu Hause die Hölle los – das wird schlimmer als der Dritte Weltkrieg!« Immer wieder ist mir seither bewußt geworden, daß diese Haltung keineswegs selten ist.

In all den Jahren haben mich Klienten, die über ihre Ehe zutiefst verzweifelt waren, erst dann offen um Rat und Hilfe gebeten, wenn ich ihnen hoch und heilig versprochen hatte, daß der Ehepartner niemals von ihrem Besuch bei einem Therapeuten erfahren würde. Sie beriefen sich auf mehrere weit verbreitete Grundsätze: Nichts von der Beziehung zwischen Mann und Frau darf in die Außenwelt dringen; was in der Ehe passiert, geht niemanden sonst etwas an; Eheprobleme anderen anzuvertrauen, ist schwerster Verrat am Partner.

Menschen, die sich solche Leitsätze zu eigen gemacht haben, litten oft unter schweren Schuldgefühlen, wenn sie sich mir schließlich doch anvertrauten. »Vielleicht hat Sammy recht«, sagte eine verzweifelte Frau, nachdem wir über ihre Eheprobleme gesprochen hatten, »es ist wohl falsch, daß ich einem wildfremden Mann erzähle, was sich zwischen uns abspielt.« Und ein Mann meinte: »Wahrscheinlich ist es nicht in Ordnung, Eheangelegenheiten mit jemand anderem zu besprechen, aber ich bin in letzter Zeit so verzweifelt...« Eine andere Einstellung war noch radikaler: »Wir sind römisch-katholisch, aber meine Frau meint, daß wir nie mit anderen Leuten über *uns* reden sollten – nicht einmal mit einem Priester.«

In dieser Geheimniskrämerei spiegeln sich Überzeugungen wider, die in unserer Kultur sehr verbreitet sind. Wenn es um die Wahrung der Privatsphäre geht, tendieren wir leicht zur Übertreibung. Allenthalben gilt die Regel: »Behalte deine Ansichten für dich; zeig so wenig wie möglich von deinem wahren Selbst.« Ein junger Mann erzählte mir einmal, sein Vater habe als Motto immer wieder verkündet: »Selbst die Fische hätten keine Schwierigkeiten, wenn sie nie das Maul aufmachen würden.«

Ich bin nicht dafür, daß man ständig sein Herz auf der Zunge trägt oder wahllos mit jedem über die persönlichsten Dinge spricht; aber es ist psychologisch einleuchtend, daß *selektives* Sich-Mitteilen für die seelische Gesundheit unerläßlich ist. Echte Freundschaften zeichnen sich zum Beispiel durch große Offenheit und Mitteilsamkeit aus (siehe erster Irrtum). Trotzdem bleiben viele Menschen für andere lieber undurchsichtig – sie nehmen irrtümlich an, daß es ihnen zum Vorteil gereiche, wenn sie mysteriös und rätselhaft wirken.

Hinter dieser Distanz zu anderen steht oft die Befürchtung, sie hätten nur Verachtung und Ablehnung für einen übrig, wenn man zeige, wie man wirklich ist. Darüber hinaus glauben viele Menschen, daß Außenstehende (und damit sind *alle* anderen Menschen gemeint), welche die Einzelheiten ihrer Privatsphäre kennen, diese Informationen nur zu ihrem Schaden nutzen würden. Und deshalb baut man unnötige Mauern auf und versteckt sich hinter brüchigen Fassaden. Selbst wenn einer dahinter seelisch zugrunde geht, wird es wegen der glitzernden Tünche niemand merken; das authentische Selbst bleibt hinter wechselnden Masken versteckt.

Seit Jahren erschüttert mich immer wieder ein beunruhigendes Phänomen: Jeder, der Zeitung liest oder die Nachrichtensendungen im Fernsehen verfolgt, kennt die sporadisch wiederkehrenden, schockierenden Geschichten vom anscheinend friedliebenden Normalbürger, der ohne Vorwarnung zum Berserker wurde und im Blutrausch seine Familie niedermetzelte. Üblicherweise werden dann auch die Nachbarn interviewt und über den Täter und seine Familie befragt. Es ist beeindruckend, wie oft es heißt, die Familie habe »sehr zurückgezogen« gelebt, es seien Leute gewesen, »die gern für sich blieben«. In der Regel waren sie nach außen hin sehr freundlich, blieben ihren Nachbarn aber im Grunde völlig unbekannt. Viele Psychologen vertreten die Ansicht, das tragische Ende solcher Familien wäre zu verhindern gewesen, wenn die Betreffenden frank und frei mit jemandem über ihre wirklichen Gefühle und Gedanken hätten reden können.

Wenn ich an all die Jahre meiner eigenen Ehe zurückdenke, fällt mir ein, daß meine Frau und ich in Krisenzeiten oft mit gemeinsamen Freunden über unsere wechselseitigen Kränkungen und unseren Ärger sprachen. Und die meisten von ihnen taten dasselbe bei uns. Wir gingen zum Beispiel mit einem anderen befreundeten Paar essen und baten dann um Erlaubnis, uns auszusprechen. Jeder berichtete über die Schwierigkeiten aus seiner Sicht, und meistens entspann sich daraufhin eine angeregte Diskussion. Obwohl diese Freunde in der Regel weder Psychologen noch Psychiater oder ausgebildete Eheberater waren, fand ich es außerordentlich hilfreich, ihre Meinung zu hören und die Dinge auch von einem anderen Blickwinkel her betrachten zu können. Bezeichnenderweise waren in unserem Freundeskreis zwei Paare, die nie etwas von ihren eigenen Problemen berichteten. Sie hörten uns und den anderen zwar bereitwillig zu, aber über ihre eigene Privatsphäre wurde nie gesprochen. Ich nehme an, es gibt einen ursächlichen Zusammenhang zwischen ihrer Verschlossenheit und der Tatsache, daß beide Ehen schließlich geschieden wurden.

In meiner psychologischen Praxis habe ich die Erfahrung gemacht, daß Paargruppen außerordentlich wertvoll sind. Wenn sich vier bis sechs Paare über mehrere Wochen regelmäßig bei mir treffen, erlebe ich immer wieder, wie die Teilnehmer hilfreiche

Hinweise, nützliche Anregungen, sinnvollere Kommunikationsmöglichkeiten und neue Konfliktlösungswege mit heimnehmen – wobei sie meist mehr voneinander als von meinen professionellen Interventionen profitieren. Diese gruppendynamischen Prozesse haben vielen Ehen, die sonst vielleicht mit einer unnötigen Scheidung geendet oder – noch schlimmer – sich nur irgendwie weitergeschleppt hätten, eine neue Richtung gewiesen. Selbst verzweifelte Ehepaare können konstruktive Lösungen für ihre Probleme finden, wenn sie sich Außenstehenden (besonders wenn es sich um gut ausgebildete Eheberater handelt) anvertrauen (siehe 24. Irrtum).

23. Irrtum

Keinen Sex, wenn man sich streitet

Einen der besten (schlimmsten?) Irrtümer habe ich für das vorletzte Kapitel aufgehoben. In vielen krisenüberschatteten Ehen wird die Sexualität als Waffe und als Mauerbrecher mißbraucht – und wirkt dann wie ein Keil, der das Paar immer weiter auseinandertreibt. Ich habe viele Menschen in Behandlung gehabt, die törichterweise mittels Sex ihren Partner manipulieren wollten. Und zahllose meiner Klienten machten die Sexualität zum Herzstück ihrer Macht- und Kontrolltaktiken. Wahrscheinlich ist die gängigste Haltung zu diesem Thema: kein Geschlechtsverkehr, wenn nicht alles in Ordnung ist oder solange negative Gefühle im Raum stehen.

Ein junges Paar kam wegen dieser Problematik zu mir. Abbys Haltung entsprach derjenigen, die ich oben skizziert habe: Sex war für sie völlig undenkbar, wenn sie sich über ihren Ehemann geärgert hatte. Wenn Robert mit ihr ins Bett gehen wollte, mußte er sich zuvor tadellos benommen haben. Ich fragte sie unverblümt: »Was müßte er denn tun, damit Sie ihn abends 'ranlassen?« Abby antwortete im Ton höchster Sachlichkeit: »Nun, er soll mir einiges im Haus helfen. Anfangen müßte er mit Staubsaugen im Flur und im Wohnzimmer. Dann: Seit Monaten bitte ich ihn, den hinteren Gartenzaun zu flicken. Und außerdem müßte seine Abstellkammer seit Monaten aufgeräumt und ausgemistet werden.« Sie hätte noch weitere Punkte aufgezählt, aber ich unterbrach sie mit der Bemerkung, daß er, würde er all diese Aufgaben erledigen, hinterher für sexuelle Aktivitäten wohl viel zu erschöpft wäre.

Bei einem anderen Paar war es der Mann, der den Maßstab zu hoch ansetzte. »Bevor ich überhaupt irgendwie an Sex denken kann, muß zwischen Paula und mir alles in Ordnung sein. Ich muß mich wirklich bei ihr wohlfühlen, und umgekehrt. Ich brauche das Gefühl, daß wir uns nah sind und uns lieben, daß wir zusammengehören. Ich muß ihre Wärme und ihre Zuneigung spüren.« Und wie häufig sind all diese Bedingungen gleichzeitig erfüllt? »Ungefähr einmal im Monat – oder seltener«, sagte Paula traurig.

In diesen beiden Fällen gesellen sich zum Irrtum »Kein Sex bei Streit« noch weitere hinzu. Der zum Beispiel, daß Liebe eine unabdingbare Voraussetzung für befriedigenden Sex sei. Liebe und Sex sind in unserer Kultur so unlösbar miteinander verbunden, daß »sich lieben« ein Synonym für Geschlechtsverkehr ist! (Aber Liebe ist doch keine Ware, die man herstellen kann.) Die Lächerlichkeit dieses Euphemismus wurde mir so recht deutlich, als ich mit einer Bekannten an zwei auf der Straße kopulierenden Hunden vorbeikam und sie mich hinterher fragte, ob ich gesehen hätte, wie die zwei »sich liebten«. Die Leute, die Liebe als unabdingbare Voraussetzung für Sex erachten, vernachlässigen dabei die Tatsache, daß Liebe oft erst auf dem Boden einer sexuellen Beziehung entsteht. Wenn sich zwei Menschen mögen, sich zueinander hingezogen fühlen und im Bett gut miteinander harmonieren, entwickelt sich daraus oft auch Liebe.

Ein weiterer Irrtum, der hierher gehört, besagt: »Sex in der Ehe muß immer etwas Besonderes sein, es muß vor Erotik nur so knistern, leidenschaftliche Hingabe und tiefe Befriedigung gehören unbedingt dazu.« Das würde ungefähr der Haltung entsprechen, daß jedes Essen ein epikuräisches Mahl bei leiser Musik und gedämpftem Licht sein müsse, bei dem nur feinstes Porzellan und Kristall benutzt wird. Und schnell mal ein Sandwich zwischendurch wäre undenkbar! Jemand, der darauf besteht, nur in Vier-Sterne-Hotels zu speisen, wäre dann die meiste Zeit hungrig und würde vermutlich bald ernsthafte Symptome der Unterernährung aufweisen. Wenn jedes sexuelle Zusammensein ein »Vier-Sterne-Erlebnis« sein soll, werden einem Paar jene vielleicht weniger phantasievollen, aber dennoch angenehmen sexuellen Freuden entgehen, die ja auch Nähe, Zusammengehörigkeitsgefühl und körperliche Erleichterung schaffen. Wer ausschließlich perfekte Sexualakte verlangt, kann letztlich nur frustriert werden und wird ständig das Gefühl haben zu verhungern.

Manche Paare warten, bis der Ärger abgeflaut ist, oder versuchen, ihre emotionalen Probleme mit stundenlangen »Beziehungsdiskussionen« abzubauen (was in der Regel die beiderseitige Verbitterung nur noch vergrößert).

Daneben gibt es jedoch auch viele Paare, die finden, daß man den Ärger auch mit Sex abbauen kann. Wenn sie Krach haben oder die Spannungen überhandnehmen, gehen sie ins Bett und »klären« die Sache sexuell. Diese Paare lassen es nicht zu, daß irgendwelche Beziehungsprobleme ihnen die Möglichkeit zu befriedigender Sexualität verbauen, und stellen oft fest, daß sich viele Dinge danach von selbst regeln – quasi postorgasmisch. Das soll nicht heißen, daß ich der Meinung bin, in einer Ehe solle kein Raum für Gespräche über Gefühle sein. Es ist sonnenklar, daß ein Paar am besten miteinander auskommt, wenn beide sich offen mitteilen und ihre Sorgen gemeinsam tragen und bewältigen. Aber ich wende mich gegen jene ermüdenden Streitereien, die sich über Stunden hinschleppen, oft nur zu Blockierungen führen und keinen anderen Effekt haben, als sexuelle Nähe zu verhindern.

Manche Menschen halten überzeugt an dem »Niemals-im-Streit-ins-Bett«-Irrtum fest. Ihre Versuche, alles zu klären, enden häufig mit Diskussionen bis zum Morgengrauen. Aber meiner Erfahrung nach ist es immer wieder erstaunlich, wie schnell sich Mißverständnisse aufklären, wenn man gut ausgeschlafen am anderen Morgen noch einmal darüber spricht.

Ein weiterer Mythos, der diesem ganzen Komplex zugrunde zu liegen scheint, heißt: »Liebe und erfüllte Sexualität gehen Hand in Hand.« Es ist aber bei vielen Menschen so, daß trotz großer Liebe und Zuneigung sexuelles Zusammensein für sie wenig befriedigend ist, während mit einer anderen Person – bei der von Liebe keine Rede sein kann – sehr befriedigende sexuelle Erlebnisse möglich sind. In einigen Fällen kann die Liebe sogar von der Sexualität ablenken. Ein Klient von mir drückte es so aus: »Wenn ich jemanden liebe, regen sich so viele unterschiedliche Gefühle – menschliche Wärme, Verbundenheit, Fürsorglichkeit, Verletzlichkeit, Leidenschaft –, daß meine sexuelle Erregung dadurch abgeschwächt wird. Wenn ich mich aber rein körperlich angezogen fühle, kann ich mich ganz auf's Sexuelle konzentrieren.«

Wenn es um Liebe geht, geht es nicht unbedingt um Sex, und umgekehrt. Menschen, die in heftiger Liebe zueinander entbrannt sind, stellen mitunter fest, daß sie sich so sehr auf ihre Gefühle füreinander konzentrieren, daß die sexuellen Impulse dadurch »irritiert« werden und die erotische Erregung nachläßt.

Wer strikt darauf besteht, daß Sex und Liebe zusammengehören, und daß Groll, Ärger oder Spannungen aus dem Weg geräumt sein müssen, bevor man »sich lieben« darf, wird am Ende ständig das Gefühl haben, zu kurz zu kommen. Paare, die gelernt haben, ihre Sexualität in verschiedenen Stimmungslagen auszuleben und zu genießen – ob nun in liebevoller, erotischer, lustbetonter, spielerischer oder auch ärgerlicher Stimmung –, führen wahrscheinlich ein glücklicheres Eheleben und haben insgesamt vermutlich weniger Konflikte als jene, die sich die Möglichkeiten sexuellen Zusammenseins durch irgendwelche Vorbedingungen beschneiden.

Lazarus kann nur ein Lustmolch sein!
(So wie auch ich.)

→ Mein Lieblingsirrtum bzw. der ärgste Irrtum, der mir begegnen konnte –
Matthias

24. Irrtum

Man soll zufrieden sein mit dem, was man hat

Anders als bei den bisher behandelten Irrtümern, die ganz offensichtlich nicht nur falsch, sondern sogar schädlich sind für eine Beziehung, liegt die Sache beim letzten etwas komplizierter. Jede Ehe verlangt schließlich ein gewisses Maß an Anpassung, man muß Zugeständnisse machen und Dinge, die einem auf die Nerven gehen, einfach übersehen können. Wir müssen uns damit abfinden, daß unser Partner bestimmte Gewohnheiten, manierierte oder eigenartige Verhaltensweisen hat, die uns stören, die sich wahrscheinlich aber nie ändern werden. Entweder man lernt, mit diesen kleinen Ärgernissen zu leben, oder man wird zum notorischen Nörgler.

Zuweilen hat ein Paar, dessen Beziehung eigentlich recht glücklich ist, trotzdem ständig das Gefühl, die Ehe sei kurz vor dem Auseinanderbrechen, weil beide den Kopf voller überzogener romantischer Erwartungen haben. In den meisten Fällen stellt sich dann heraus, daß das, was sie haben, wesentlich mehr wert ist als das, was sie schließlich durch die ständige Unzufriedenheit bewirken. Wenn wir diese Romantiker und Perfektionisten dazu bewegen können, ihre idealistischen Strebungen aufzugeben und tatsächlich mit dem zufrieden zu sein, was sie haben, werden sie entschieden besser zurechtkommen.

Auf der anderen Seite bin ich aber überzeugt, daß es unzählige Paare gibt, deren langweilig gewordene Beziehung entscheidend bereichert und belebt werden könnte. Jene Menschen, die glauben, am Bestehenden sei nun mal nichts zu ändern, haben in der Regel unrecht. Eine der befriedigendsten Seiten meiner Arbeit sehe ich darin, daß ich in den vergangenen Jahren vielen Paaren dabei helfen konnte, aus ihrer Ehe-Mühsal (die sich vielleicht noch über

Jahre hingeschleppt oder zu einer Scheidung geführt hätte) Beziehungen zu entwickeln, die zu erhalten sich lohnen.

Ein Fallbeispiel

Simon und Cindy waren schon bei zwei Beratern gewesen. Ihre zehnjährige Ehe war von Anfang an mehr als turbulent verlaufen, und die Beratung hatte alles nur verschlimmert. »Die erste Beraterin war sehr liebenswürdig, aber getan hat sie nichts, sie saß nur da und ließ ab und zu ein einfühlsames ›Hmhm‹ hören. Der zweite Berater meinte, wir sollten unsere Kämpfe in seiner Gegenwart ausfechten. Er gab uns gepolsterte Schlagstöcke und ließ uns damit aufeinander losgehen. Ich glaube, danach ging es uns nur noch miserabler.«

Während Cindy mir von diesen Erfahrungen berichtete, nickte Simon zustimmend. Dann ergriff er das Wort:

SIMON: Ja, Ihre Kollegen sind wirklich Vollidioten. Und warum soll ich annehmen, daß Sie nun besser sind? In meinen Augen sind Sie schuldig, solange nicht Ihre Unschuld bewiesen ist. Um ehrlich zu sein, Ihr Psychos seid alle die letzten Hänger.

CINDY: Simon, wie kannst du den Doktor nur so beleidigen!

ICH: Er hat allen Grund, skeptisch und herausfordernd zu sein. Ich an seiner Stelle würde mich genauso fühlen. Aber ich kenne Simon erst seit zehn Minuten, während Sie, Cindy, ihn seit mehr als zehn Jahren kennen. Deshalb möchte ich Sie etwas fragen: Ich spüre bei ihm eine Menge Ärger, und ich würde sagen, daß er sich ziemlich im Ton vergreift. Macht er das auch in anderen Situationen, oder spricht er nur hier und mit mir so?

CINDY: Da treffen Sie den Nagel auf den Kopf. Und das muß ich seit zehn Jahren aushalten. Er kann sich einfach nicht wie ein zivilisierter Mensch benehmen. Was glauben Sie, warum er so unbeliebt ist? Und warum er dauernd Ärger mit seinem Chef hat? Er empfindet, denkt und benimmt sich wie ein Fünfjähriger. Das Problem ist, daß er sich gar nicht wie ein erwachsener Mann fühlt, sondern wie ein Kind. Und er ist Weltmeister im Herabsetzen und Demütigen.

SIMON: Habe ich alles schon tausendmal gehört.

ICH: Entschuldigen Sie – Cindy, woher wissen Sie, daß Simon *empfindet* und *denkt* wie ein fünfjähriges Kind? Hat er Ihnen das erzählt?

CINDY: Es ist mehr als offensichtlich.

AAL: Passen Sie auf, jetzt kommt erste Regel: *Sagen Sie nie jemandem, was er oder sie denkt oder fühlt.*

SIMON: Sind Sie naiv! Sie kann so ausgezeichnet Gedanken lesen, wenn man ihr das nimmt, fällt ihr vielleicht überhaupt nichts mehr ein.

ICH: Simon, stimmt es denn, daß Sie sich manchmal wie ein kleiner Junge fühlen und nicht wie ein Mann?

SIMON: Kann sein, manchmal.

ICH: Und wann?

SIMON: Weiß nicht. Ich glaube, wenn ich mich mies fühle, irgendwie eingeschüchtert.

AAL: Habe ich Sie eingeschüchtert?

SIMON: Nein.

CINDY: Der läßt sich doch vom eigenen Schatten einschüchtern!

ICH: Moment mal! Ich glaube, jetzt habe ich einen Teil des Problems erkannt. Cindy und Simon, Sie *beide* sind, wie Cindy es ausdrückt, Weltmeister im Herabsetzen. Sie *beide* sind auf dem Kriegspfad, und *beide* greifen Sie sich an allen Fronten an. Eine Ehe bedeutet, daß man im selben Boot sitzt, und Sie beide sind eifrig dabei, Löcher in den Boden Ihres Bootes zu hacken. Wenn Sie es wirklich sinken lassen wollen – o.k., ich bin einverstanden. Aber wenn Sie wollen, daß diese Ehe funktioniert, müssen Sie *beide* daran gehen, die Löcher so schnell wie möglich zu stopfen, und zwar sofort und auf der Stelle! Das heißt zuallererst und für alle Zeit, daß Sie freundlich miteinander umgehen müssen, respektvoll miteinander reden und nicht am anderen herumdeuten.

SIMON:	Das wäre tatsächlich mal was anderes!
ICH:	Also los, hier und jetzt fangen wir damit an. Jetzt können wir weiter über Ihre Gefühle und Konfliktpunkte reden, und zwar wie drei zivilisierte Erwachsene.

Natürlich fielen Cindy und Simon häufig wieder in ihre alten, feindseligen Verhaltensweisen zurück. Aber sowie einer von ihnen ausfallend wurde, bat ich sofort um eine »zivilisierte und reife« Neuformulierung des Gesagten. Wir beendeten dann die Sitzung in gehobener Stimmung.

Es dauerte mehr als ein Jahr, bis Cindy und Simon im Alltag entgegenkommend, kooperativ und respektvoll miteinander umgingen (siehe 9. Irrtum). Wenn Cindy und Simon wirklich das Gefühl gehabt hätten, daß nichts mehr zu ändern sei und daß sie sich eben mit ihrer anstrengenden, feindseligen Beziehung abfinden oder sich scheiden lassen müßten, dann wären sie nicht zu mir gekommen. Glücklicherweise waren diese zwei *nicht* bereit, sich mit dem zufriedenzugeben, was sie hatten. Trotz zweier fruchtloser Versuche mit Eheberatern war ihnen ihre Beziehung wichtig genug, einen dritten Versuch zu wagen – und sie gewannen!

Wahrscheinlich haben Sie einige Unterschiede zwischen meinem therapeutischen Verhalten und dem, was Cindy und Simon über das Vorgehen anderer Berater erzählten, festgestellt. Im letzten Kapitel dieses Buches will ich deshalb einige Tips geben, wie man einen kompetenten Berater findet. Wenn Sie sich mit Ihrer derzeitigen Beziehung nicht zufrieden geben wollen, sollten Sie wissen, wie Sie Hilfe finden, um weiterzukommen!

… Und was man dagegen tun kann

Wenn Sie alle 24 Kapitel gelesen und gründlich über die hier vorgebrachten Argumente nachgedacht haben, werden Sie sicher feststellen, daß sich die Lektüre früher oder später positiv auf Ihre eigene Beziehung auswirkt. Auch wenn Sie nicht mit allen meinen Schlußfolgerungen einverstanden sind, sollten Sie im Lichte dieser Irrtümer Ihre Zweierbeziehung sorgfältig betrachten. Dann können Sie den Fallstricken, über die so viele andere Paare straucheln, bewußt aus dem Weg gehen. Im Folgenden habe ich noch einmal einige Hauptpunkte zusammengefaßt, die Sie sich hoffentlich gut einprägen können:

– In glücklichen Ehen sind die Partner nicht »unzertrennlich«, sondern lassen einander Raum und auch gewisse Freiheiten.

– Bei glücklichen Paaren ist den Partnern eine tiefe und beständige Zuneigung wichtiger als das romantisch-verliebte Hochgefühl. Sie respektieren einander und wissen: Man muß sich bemühen, um für den anderen interessant zu bleiben (ohne allerdings dem Irrtum zu verfallen, man müsse für die Ehe »hart arbeiten«).

– Intelligente Ehepartner wissen, daß der andere kein »Besitz« ist; sie leben mit einer Spur von Unsicherheit und in dem Bewußtsein, daß der Partner durchaus auch für andere Menschen Anziehungskraft besitzt.

– Glückliche Ehen gründen auf der Fähigkeit zu verhandeln, Kompromisse einzugehen und starre Rollen bzw. kategorische Imperative zu vermeiden. Das setzt eine gewisse persönliche Reife voraus – und die Einsicht auf beiden Seiten, daß jeder für sein Glück selbst verantwortlich ist.

– In glücklichen Ehen gibt es kein »Gedankenlesen« (dem anderen sagen, was in ihm vorgeht) und keine Versuche, den anderen umzukrempeln (»einen neuen Menschen aus ihm machen«).

Eins und eins ...

Wenn das Zusammenleben glücklich werden und bleiben soll, ist *Übereinstimmung* auf mehreren Ebenen unerläßlich.

– *Einigkeit über die Ziele.* Wenn man zusammenpassen will, müssen die wichtigsten Grundhaltungen übereinstimmen, zumindest, was die wesentlichsten Aspekte des Zusammenlebens angeht. Die Art und Weise, wie man miteinander und mit den Kindern umgeht, und wie man sich zu Verwandten und Außenstehenden verhält, muß wechselseitig akzeptiert werden.

– *Einigkeit über das notwendige Maß an Zweisamkeit.* Die Art und Weise, wie die Partner ihre Zeit einteilen, hat großen Einfluß auf eine Beziehung. Niemals sind zwei Menschen identisch, und darum ist es für Paare wichtig zu lernen, daß eigene Wünsche manchmal um der Gemeinsamkeit willen zurückgestellt werden müssen. Wo keine Kompromisse möglich sind, sind Zusammenstöße unvermeidlich. Wenn jedoch wiederum zu viele Konzessionen gemacht werden, besteht die Gefahr des Auseinanderlebens. Und wenn übermäßig viel Zeit für die Verfolgung persönlicher Interessen aufgewandt wird, ist das Scheitern der Ehe programmiert.

– *Einigkeit über Freizeitgestaltung.* Auch darin, wie man seine Freizeit verbringt, sich weiterbildet, welcher Religion man angehört usw. ist eine gewisse Übereinstimmung vonnöten. Ohne gemeinsame Interessen entstehen Spannungen und Desorganisation. Wenn die Aktivitäten von Mann und Frau nicht in gewisser Weise integriert sind, kann eine Beziehung nicht harmonieren. Jeder muß auch aus anderen Quellen schöpfen, wenn die eheliche Beziehung befriedigend sein soll. Je ähnlicher die Interessen der Partner sind, um so einfacher ist es natürlich, Ziele zu formulieren, die für beide »stimmen«.

Und wie beurteilen Sie IHRE Ehe?

Eheliche Beziehungen sind hochkomplexe Angelegenheiten. Wenn man die Qualität einer Beziehung verbessern will, ist es sinnvoll, systematisch zu untersuchen, wie sie funktioniert. Den folgenden Fragebogen habe ich in den letzten fünf Jahren als Leitlinie für meine Arbeit mit Paaren benutzt.

Zufriedenheits-Fragebogen für Ehepaare

10	9	8	7	6	5	4	3	2	1	0
sehr zufrieden				halb zufrieden						unzufrieden

Notieren Sie bitte nach jeder Frage die Zahl, die dem am nächsten kommt, wie Sie Ihre Ehe oder Ihren Partner derzeit einschätzen.

Ich bin:

1. zufrieden mit der Häufigkeit unserer gemeinsamen Gespräche
2. zufrieden mit unserem gemeinsamen Freundes- und Bekanntenkreis
3. zufrieden mit unserem Sexualleben
4. einverstanden damit, wie bei uns die Zeit zwischen Arbeit und Freizeit aufgeteilt wird
5. zufrieden damit, wie wir unser Geld ausgeben
6. zufrieden damit, wie du als Elternteil bist
7. der Meinung, daß du mit mir Hand in Hand arbeitest
8. zufrieden mit unseren gemeinsamen Freizeitaktivitäten (Sport, Urlaub, Ausflüge etc.)
9. im wesentlichen mit deiner Lebensanschauung einverstanden (Werthaltungen, politische Ansichten, Glaubensbekenntnis etc.)
10. im großen und ganzen zufrieden, wie du mit deinen Verwandten umgehst
11. zufrieden, wie du mit meinen Verwandten umgehst
12. zufrieden mit den meisten deiner Gewohnheiten, Eigenheiten und deiner Erscheinung überhaupt

---

Zählen Sie alle notierten Werte zusammen.

84 und mehr Punkte bedeuten, Sie führen eine *sehr gute* Ehe.
Ein Gesamtwert zwischen 72 und 83 Punkten bedeutet, die Ehe ist *befriedigend* genug, um von Ihnen als *positiv* erlebt zu werden; Gefühle und Interaktionen sind Ihrer Meinung nach in Ordnung.
Bei einem Wert zwischen 61 und 71 Punkten muß man davon ausgehen, daß Sie in Ihrer Beziehung einige grundsätzliche Dinge ändern müssen.
Weniger als 60 Punkte bedeuten, daß die Ehe schlecht ist und von Zufriedenheit keine Rede sein kann.

Wenn ich den Fragebogen in meiner Praxis einsetze, achte ich sowohl auf die Summe der Punktzahl als auch auf die Bewertungen im einzelnen. Vielleicht haben beide Partner insgesamt mehr als 84 Punkte, aber ein oder zwei Fragen sind unter Umständen nur mit 3, 2, 1 oder 0 Punkten bewertet. Und natürlich muß man alles, was in der »Unzufrieden«-Zone liegt, besonders aufmerksam betrachten.

Bei Ehen, die nicht mehr zu retten sind, ist meistens eine Scheidungsberatung notwendig, um eine Trennung im beiderseitigen Einvernehmen möglich zu machen. (Vor kurzem hatte ich ein Paar bei mir, das zusammen nicht mehr als 14 Punkte erreichte – sie hatte 6, er 8 Punkte aus dem Fragebogen »herausgeholt«. Normalerweise kommen Paare, die mit ihrer Ehe dermaßen unzufrieden sind, gar nicht erst zum Psychologen, sondern laufen schnurstracks zum Antwalt!)

Nichtsdestotrotz können viele eheliche Beziehungen so verbessert werden, so daß die Paare mehr Freude als Kummer miteinander haben. Wer glaubt, an einer unglücklichen Ehe könne man nichts ändern, hat meistens unrecht. Es ist schwierig, aber nicht unmöglich, eine »abgenützte« Ehe neu zu beleben. In den nächsten Absätzen stelle ich drei Verfahren vor, die meine Patienten immer wieder als wertvolle Hilfe zur Verbesserung ihrer Beziehungen erleben.

Die Technik der »Drei Verbesserungen«

Diese Technik, die auch viele andere Eheberater sehr wirksam finden, können Sie und Ihr Partner auf der Stelle, ohne professionelle Hilfestellung, anwenden. Der Ehemann listet drei bestimmte Verhaltensweisen seiner Frau auf, von denen er sich wünscht, daß sie sich *positiv verändern*; die Frau zählt ebenfalls drei Eigenheiten ihres Mannes auf, von denen sie möchte, daß er sie ändert. Es ist von positiven Veränderungen die Rede, weil so auch die Aufforderung dazu positiv aufgenommen werden kann. Der Unterschied wird deutlich, wenn Sie die beiden folgenden Sätze vergleichen:

»Wenn du endlich mit dem Nägelkauen aufhören würdest, dann sähen deine Hände nicht so scheußlich aus!«

»Warum läßt du deine Fingernägel nicht lieber ein bißchen wachsen, deine Hände würden dann viel hübscher aussehen!«

Ganz klar, die erste Bemerkung klingt überkritisch und verletzend; die zweite klingt positiv und wirkt auch entsprechend.

Bei der Aufzählung der drei zu verbessernden Punkte gehen die Paare oft zu ungenau und allgemein vor. Feststellungen wie: »Ich hätte gern, daß er sich niveauvoller ausdrückt«, oder »Ich wünsche mir, daß sie mehr an mich denkt und sich mehr um mich kümmert«, sind zu nebulös. Es ist notwendig, Änderungswünsche zu formulieren, die auf *konkrete* Verhaltensweisen abzielen. Beispielsweise: »Ich hätte gern, daß wir nach dem Essen nicht nur fünf, sondern fünfzehn Minuten zusammensitzen und miteinander schwatzen.« »Es wäre schön, wenn du mich öfter umarmen und küssen würdest, wenn ich aus dem Büro nach Hause komme.« Sehen Sie sich die Listen eines Paares an, das bei mir in Behandlung ist.

Ich wünsche mir, daß Martin folgendes verbessert:

1. daß er sich mehr Zeit nimmt, um den Kindern bei den Hausaufgaben zu helfen
2. daß er öfter vor 18.30 Uhr von der Arbeit heimkommt
3. daß er öfter einfach nur mit mir schmust, ohne daß es gleich zum Sex kommen muß.

Ich möchte, daß Clara folgendes verbessert:
1. daß sie öfter etwas Warmes zum Essen kocht
2. daß sie meine Eltern öfter zu uns einlädt
3. daß sie sich öfter zu mir in den Bastelkeller setzt anstatt fernzusehen.

Wenn beide Partner ihre Listen fertiggestellt haben, muß als nächstes geprüft werden, ob die einzelnen Wünsche für den Partner akzeptabel sind. Wenn nicht, müssen sie modifiziert werden. Wenn das Paar die angemeldeten Wünsche für beide annehmbar formuliert hat, wird es Zeit, die Sache in die Tat umzusetzen. Das bedeutet im vorliegenden Fall, daß Martin erklären müßte, wieviel Zeit er nun den Kindern und ihren Hausaufgaben widmen will. Dann legt er sein Versprechen schriftlich fest, etwa so: »Ich erkläre mich bereit, den Kindern dreimal in der Woche 30–40 Minuten lang bei den Hausaufgaben zu helfen.« »Mindestens zweimal pro Woche werde ich vor 18.30 Uhr zu Hause sein.

Manchmal treffen die Paare auch lieber Abmachungen auf Gegenseitigkeit: »Wenn Du mindestens dreimal in der Woche vor 18.30 Uhr nach Hause kommst, dann lade ich Deine Eltern am Wochenende zu uns ein.«

Das Wichtigste an der Technik der drei Verbesserungen ist, daß damit sechs wichtige Verhaltensbereiche im ehelichen Skript positiv verankert werden. Das führt insgesamt zu erheblich mehr Zufriedenheit in der Ehe.

Dieses Vorgehen kann von jedem Paar, das ernsthaft und gemeinsam an der Verbesserung seiner Beziehung arbeiten will, als Selbsthilfe-Übung durchgeführt werden. Ein Versuch lohnt sich bestimmt.

Der Doktor hat's verschrieben ...

Auch folgendes Vorgehen hat sich bei vielen Paaren, die ich behandelt habe, bewährt. Ich nenne es »Essengehen auf ärztliche Anweisung«. Dabei beauftrage ich meine Patienten, sich einen Abend pro Woche freizuhalten, an dem sie – nur zu zweit – gemeinsam essen gehen. Es braucht nichts Anspruchsvolles zu sein – ein einfaches Restaurant reicht völlig. Es kommt darauf an, daß beide diesen Abend als wichtige Verabredung, als eine regelrechte Verpflichtung betrachten. Nur aus extrem wichtigen Gründen darf dieser Abend abgesagt oder verschoben werden. Dazu bekommen sie folgende Anweisung von mir: »Während des Abends sollen Sie sich vorstellen, es sei ein Rendezvous, oder Sie sind mitten in Ihrer Verlobungszeit. Deshalb versuchen Sie beide, so charmant, liebenswürdig und anregend wie möglich zu sein. An diesem Abend wird nicht gestritten oder über Probleme diskutiert. Sie sollen sich gegenseitig gefallen und bestätigen.« Diese Taktik empfiehlt sich besonders, wenn beide Partner berufstätig sind und die Spannungen hauptsächlich daher rühren, daß beide zu wenig Zeit füreinander haben.

Aussprachen mit begrenzter Redezeit

Diese Technik ist ebenfalls sehr effektiv und hat schon bei vielen meiner Klienten, die sie wirklich regelmäßig angewendet haben, wahre Wunder gewirkt. Besonders wertvoll ist sie dann, wenn sich einer oder beide Partner immer wieder mißverstanden fühlen. Viele Paare beschweren sich bei mir darüber, daß sie sich vom anderen nicht richtig verstanden fühlen. »Brian hört nicht mal die Hälfte von dem, was ich sage!« »Zelda hört mir gar nicht richtig zu, wenn ich etwas sage!« Ein so fundamentaler kommunikativer Mangel ist schon an sich frustrierend; schlimmer ist aber, daß daraus oft zusätzlicher Ärger und zusätzliche Mißverständnisse erwachsen.

Und in solchen Fällen empfehle ich folgende Methode:

Halten Sie sich im kommenden Monat an mindestens drei verschiedenen Tagen pro Woche jeweils eine halbe Stunde füreinander frei. Diese Sitzungen müssen sehr ernst genommen werden und besitzen absolute Priorität vor allem anderen. Optimal wäre es, wenn folgende fünf Bedingungen erfüllt wären: Sie brauchen einen ruhigen Raum, in dem Sie nicht gestört werden, eine Eieruhr, Papier, Bleistift und eine Münze.

Mit der Münze wird ermittelt, wer zuerst sprechen darf. Der Zeitnehmer wird auf fünf Minuten gestellt. In diesen fünf Minuten kann der Sprecher sagen, was er mag. *Der Zuhörer darf ihn nicht unterbrechen.* Er (oder sie) darf sich für eventuelle Nachfragen oder Entgegnungen Notizen machen, aber kein Wort sprechen, bis die fünf Minuten um sind (es sei denn, der Partner braucht nicht die volle Zeit und sagt: »Das war's erstmal.«).

Wenn die Zeit abgelaufen ist, muß der Sprecher sofort aufhören, egal, was er gerade sagen will. Und dann wiederholt der Zuhörer mit seinen Worten, was ihm eben mitgeteilt wurde. Wenn der Sprecher mit dem Feedback des Partners nicht zufrieden ist, sagt er/sie: »Du hast mich nicht richtig verstanden«, und erklärt, an welcher Stelle der Partner ihn mißverstanden hat. Der Zuhörer wiederholt das Gesagte so oft, bis der Sprecher mit der Wiedergabe seiner Mitteilungen einverstanden ist. Wenn er/sie sich schließlich richtig verstanden fühlt, sagt er/sie: »Das ist jetzt richtig«, oder: »Danke, jetzt hast du mir genau zugehört.« Dann wird die Eieruhr wieder auf fünf Minuten eingestellt, und nun spricht derjenige, der bisher zugehört hat; es gelten dieselben Regeln wie zuvor.

In einer halbstündigen Sitzung hat jeder etwa zweimal die Möglichkeit, fünf Minuten lang zu sprechen. Wenn die Wiedergaben knapp und präzise sind, kann ein Paar einige Minuten anhängen und für jeden drei Durchgänge machen. Es ist wichtig, daß Sie sich am Ende der Sitzung umarmen und jede weitere Diskussion über die angesprochenen Punkte bis zur nächsten Sitzung verschieben.

Manche Paare wollen die Sitzung auch auf eine Stunde ausdehnen. Aber selbst jenen, die gern Marathon-Diskussionen führen, empfehle ich, eine Stunde nicht zu überschreiten. Die *zeitliche Begrenzung* hat nämlich den Zweck, jene endlosen, ermüdenden Debatten zu vermeiden, in die viele Paare immer wieder unversehens geraten. Außerdem habe ich festgestellt, daß viele Leute, die sich einige Wochen lang an diese Regeln gehalten haben, bald weniger Zeit brauchen, um sich mitzuteilen und verstanden zu werden. Nach einer Weile hat vielleicht nur noch einer der Partner einmal das Bedürfnis, zu sprechen und verstanden zu werden, und dann reicht unter Umständen schon eine »Drei-Minuten-Rede« mit einem 30-Sekunden-Feedback aus, um die Kommunikation wieder störungsfrei fließen zu lassen.

Die drei hier vorgestellten Techniken (»Drei Verbesserungen«, »Essengehen auf ärztliche Anweisung« und »Aussprache mit begrenzter Redezeit«) können, wenn man sie vorsichtig und sorgfältig einsetzt, eine sehr heilsame Wirkung haben.

Eheberatung, Paartherapie, Partnertraining – was hilft wirklich?

Man hört oft sehr skeptische, wenn nicht pessimistische Ansichten über die Chancen, eine unglückliche Ehe positiv zu verändern. Warum spotten so viele Leute über die Vorstellung, daß Interventionen vom Fachmann tatsächlich Besserung bringen und aus dysfunktionalen Ehen wieder befriedigende und unbeschwerte Partnerschaften machen können?

Ein Grund ist sicher, daß kaum jemand den Unterschied zwischen *Eheberatung* und *Paartherapie/Partnertraining* kennt. Eheberater gehen meistens nondirektiv vor und beschränken sich darauf, die emotionalen Turbulenzen ihrer Klienten im Gespräch widerzuspiegeln, womit dem Paar eine klarere Selbstwahrnehmung möglich ist. Diese Berater geben niemals Ratschläge; sie verlassen sich darauf, daß die unterschwellig wirkenden Leitsätze eines Paares sich von selbst entlarven und dann bearbeitet werden können. Viele Klienten empfinden diesen nondirektiven Ansatz allerdings als außerordentlich frustrierend. Sie wünschen sich Antworten, Anleitung, aktive Hilfe – und ich finde, sie haben auch einen Anspruch darauf.

Ein anderer Grund, warum viele Menschen ihre Zweifel an der Eheberatung haben, liegt darin, daß viele Therapeuten es für notwendig halten, die Kindheit ihrer Patienten zu erforschen und viel Zeit darauf verwenden, Vergangenes durchzusprechen. Auch Psychologen und Sozialarbeiter haben ihre Mythen und Irrlehren, und manche dieser Mythen beeinträchtigen die Wirksamkeit therapeutischer Interventionen. Viele meiner Kollegen glauben fälschlicherweise, Patienten müßten entdecken, *warum* sie sind, wie sie sind, *warum* sie dieses oder jenes tun und *warum* sie sich fühlen, wie sie sich fühlen. In Wirklichkeit würde es vielen Menschen unendlich besser gehen, wenn mehr Therapeuten einsehen würden, daß das *Was* viel einflußreicher ist als das *Warum,* wenn es um die Veränderung bestimmter Verhaltensweisen geht. Die Frage muß heißen: *Was ist zu tun,* damit sich die Dinge so schnell und so dauerhaft wie möglich ändern? Das *Warum* mag vielleicht die persönliche Neugier befriedigen, spielt aber für die tatsächliche Verbesserung einer Beziehung keine entscheidende Rolle.

Partnertraining geht von folgenden Voraussetzungen aus:

- Psychologische Veränderungen erfordern eine Problemlösung *hier und jetzt,* keine Beschäftigung mit der Vergangenheit.
- Eheprobleme erwachsen aus *Fehlinformationen* (wenn man zum Beispiel den in diesem Buch beschriebenen Irrtümern aufsitzt) und aus *fehlenden Informationen* (das heißt, man hat nicht das Wissen und die Fähigkeit, bestimmten Anforderungen zu entsprechen).
- Das *Reden* über Beziehungsprobleme ist notwendig, aber nicht hinreichend – der Therapeut muß aktiv Ratschläge zur Lösung der Probleme beisteuern.
- Beide Partner müssen bereit sein, an ihrer Beziehung zu arbeiten und sich für eine Änderung auch anzustrengen.

Wie aus dem Gesagten hervorgeht, arbeiten Paartherapeuten oder -trainer, wie ich sie sehe, ganz anders als ein Eheberater. Sie sind aktiver, direktiver und sehen sich als Trainer, Lehrer und Vorbild. Sie geben ihren Klienten Hausaufgaben und fühlen sich verpflichtet, ihnen zu zeigen, wo und wann sie falsche Wege gehen.

Wie man einen guten Eheberater/ Paartherapeuten findet

Wie kommen Klienten zu ihrem Therapeuten? In der Regel durch die Empfehlung eines Freundes, Arztes, Nachbarn, Kollegen – oder mit Hilfe der gelben Seiten des Telefonbuchs.

Die meisten Therapeuten und Berater verfolgen natürlich aufgrund ihrer Ausbildung eine bestimmte Methode und können nur das leisten, was sie *können* – und dies ist nicht unbedingt das, was der Klient *braucht.* Haben Sie keine Hemmungen, sich mehrere Therapeuten anzuschauen, bevor Sie sich für einen entscheiden. Schließlich geht es um *Ihr* Lebensglück, um *Ihre* Zeit, *Ihr* Geld und *Ihr* Wohlergehen – daher: prüfen Sie in Ruhe das Angebot! Entscheidungen sind auch nicht unwiderruflich. Fühlen Sie sich nicht verpflichtet, bei einem Therapeuten zu bleiben, nur weil sie schon monate- oder jahrelang bei ihm waren.

Wenn ein Therapeut von Anfang an abweisend ist und sich weigert, Ihnen einige kostenlose Minuten am Telefon einzuräumen und klare Auskünfte zu erteilen, haben Sie allen Grund, mißtrauisch zu sein. Wenn ein Psychotherapeut das Geldverdienen über alles andere stellt und nicht einmal fünf oder sechs Minuten zu opfern bereit ist, um ein paar grundlegende Einzelheiten zu klären, dann können Sie sich gleich im voraus ausrechnen, was Sie von ihm zu erwarten haben. Kürzlich erwähnte mir gegenüber ein Eheberater (von dem ich nicht sehr viel halte), daß ihn jemand in der Praxis angerufen und »die Frechheit besessen« habe, ihn zu fragen, nach welcher Methode er arbeite. Ich fragte ihn: »Was soll daran nicht in Ordnung sein?« und fügte hinzu: »Ich finde, die Leute haben ein Recht darauf, das zu erfahren.« Er antwortete, er als Fachmann sei doch einem Laien gegenüber nicht Rechenschaft schuldig. Ich halte das für eine recht unglückliche Einstellung, die nur dazu führt, daß seine Klienten sich immer von oben herab behandelt fühlen.

Wenn Sie bereits fachmännische Hilfe in Anspruch nehmen, können Sie sich mit der Beantwortung folgender Fragen darüber klar werden, ob Ihr Berater/Therapeut für Sie der Richtige ist:

– Schätzen Sie Ihren Therapeuten als Person?
– Antwortet der Therapeut auf Ihre Fragen, oder fragt er einfach zurück, was Sie wohl glauben?
– Ist der Therapeut bereit, spontan oder auf Fragen von Ihrer Seite auch von sich zu erzählen?
– Ermutigt Sie der Therapeut zu einer eigenen Meinung oder beharrt er darauf, dies sei »Widerstand«, wenn Sie anderer Ansicht sind als er?

– Erleben Sie die Kommentare und Vorschläge des Therapeuten als sinnvoll?

Wenn sie eine dieser Fragen mit »Nein« beantworten, kann es bei der Therapie Probleme geben. Wenn Sie zwei oder mehr Fragen mit »Nein« beantworten, würde ich Ihnen raten, sich nach einem anderen Therapeuten umzusehen.

Schlußbemerkung

Der bekannte Psychotherapeut Carl Whitaker hat einmal festgestellt, daß eine mißglückte Ehe »die nettesten Leute zu haßerfüllten Furien werden läßt«.

Wenn ich an die Hunderte von Paaren zurückdenke, die ich seit meiner Zulassung 1960 behandelt habe, wird mir immer wieder deutlich, daß es drei Hauptursachen für das Scheitern einer Beziehung gibt: *Abhängigkeit, Zwang* und *Besitzdenken.* Wenn man den Partner nicht als eigenständige Person mit eigenen Rechten und Besonderheiten, als ein Individuum mit einer eigenen Geschichte wahrnehmen kann, sind negative Konsequenzen wahrscheinlich. Wenn ich von meinem Partner erwarte, daß er nur für meine Vorstellungen und Erwartungen lebt, kann sich daraus bestenfalls eine gemeinsame Misere entwickeln, aber keine glückliche Ehe.

Wie weit kann nun Selbsthilfe auf diesem Gebiet sinnvoll sein? Erstaunlich weit; wenn aber die Betroffenen deutliche Defizite in ihrem Verhaltensrepertoire haben (wenn sie sich zum Beispiel nicht durchsetzen oder nicht aufrichtig und konfliktfähig sein können), wenn sie unter mangelndem Selbstwertgefühl, starken Depressionen, extremen Ängsten, tiefsitzenden Schuldgefühlen oder intensiven Aggressionen leiden, ist natürlich professionelle Hilfe vonnöten.

Vor kurzem habe ich die Therapie eines Paares abgeschlossen, das ich fast zwei Jahre lang in Behandlung hatte. Beide brauchten antidepressive Medikamente (ein guter Psychiater wurde hinzugezogen), bevor mit den eigentlichen Problemen überhaupt begonnen werden konnte. Nicht nur ihr Umgang miteinander, sondern auch ihr Verhalten gegenüber allen anderen wichtigen Bezugspersonen (Eltern, Geschwister, Arbeitgeber, Freunde) mußte verändert werden. Beider Art und Weise, Gefühle auszudrücken, bewegte sich auf dem Niveau zwölfjähriger Kinder. Sexuell waren sie unaufgeklärt und falsch informiert. Beide litten unter mangelndem Selbstwertgefühl und entwertenden Selbstbildern. Es dauerte Monate, bis all die falschen und irrationalen Vorstellungen revidiert waren. (Insbesondere glaubten sie an die Irrtümer 5, 7, 8, 12, 13 und 14.)

Während in solch einem extremen Fall ein Buch wie dieses ziemlich sinnlos wäre, sind die meisten Leute zum Glück nicht gar so verzweifelt. Diese beiden habe ich trotz der Vielzahl der Schwierigkeiten deshalb für die Therapie akzeptiert, weil mir von Anfang an klar war, daß a) diesem Paar geholfen werden konnte, b) es keinem von beiden ohne den anderen besser gehen würde und darum c) diese Ehe es wert war, gerettet zu werden.

Viele Beziehungen können verbessert werden und Entwicklungsmöglichkeiten für beide Partner bringen – außer, wenn die Liebe erloschen ist (18. Irrtum) oder grundsätzliche Unvereinbarkeiten vorhanden sind. Ansonsten hat man allen Grund, hoffnungsvoll und optimistisch zu sein. Und der erste Schritt, so meine ich, ist, jeden der in diesem Buch beschriebenen Irrtümer – einen nach dem anderen – gründlich zu entlarven.

Allerletzte Bemerkung

Alle glücklichen Ehen gründen auf Kompromissen. Eine gute, erfüllte Ehe bedeutet, daß zwei Menschen das Leben miteinander teilen und nicht einander das Leben vorschreiben. Und vor allem: Machen Sie sich klar, daß die Ehe keine romantische Affäre ist; eine wirklich glückliche Ehe ist mehr als nur eine angenehme Einrichtung – es ist eine Freude, sie zu erhalten.

Vorschläge zur Bewältigung des Alltags

Erleben und Verhalten des Erwachsenen werden bestimmt durch die Erfahrungen, die er als Kind gemacht hat.

Aus dem Amerikanischen übersetzt von Josef Wimmer
10. Auflage 1992. 374 Seiten, kart.,
ISBN 3-608-95133-4

Unsere Schwierigkeiten in der Ehe, unser zwanghaftes Erfolgsstreben, unsere Ängste und unsere Einsamkeit sind Ergebnis von Reaktionen, mit denen wir uns als Kinder gegen die oft unvernünftigen und übertriebenen Haltungen der Eltern auflehnten. Daß wir uns nicht länger in diesen alten, ausgefahrenen Geleisen bewegen, sondern neue Wege einschlagen und Abstand vom Kind in uns selbst gewinnen, dazu will dieses Buch verhelfen.

»Hugh Missildine stellt die komplizierten Vorgänge sehr anschaulich und verständlich dar, ohne deswegen in populärwissenschaftliches Geplauder zu verfallen. Er schwätzt niemand den ›Seelenfrieden‹ auf, sondern beschränkt sich auf Hilfestellung zur Erhellung seelischer Vorgänge.«

Rheinischer Merkur

Klett-Cotta